De zeven spirituele wetten voor ouders

Deepak Chopra

De zeven spirituele wetten voor ouders

Samen leven in vreugde en harmonie

Voor Yvonne,
Mijn zus die nu 'alweer' moeder van 'haar' 2e is
Ik weet zeker dat dit boekje, en jouw man, vele leuke inzichten en inspiratie biedt.

2002 – Forum – Amsterdam

met veel liefde en succes wensend voor jullie 'familiale' bestaan.

Do 29.06.2002

Oorspronkelijke titel: The Seven Spiritual Laws for Parents
Oorspronkelijke uitgever: Harmony Books, a division of the Crown Publishing Group, New York
Vertaling: Kaja van Grieken
Omslagontwerp: Hesseling Design, Ede

Vierde druk

ISBN 90 225 3097 3

Voor mijn vrouw, Rita;
voor mijn kinderen,
Mallika en Gautama;
en voor mijn ouders,
Krishan en Pushpa,
die me allemaal geleerd hebben
wat ouderschap werkelijk betekent.

Inhoud

Dankbetuiging

Mijn diepe dankbaarheid gaat uit naar mijn familie, die me altijd gesteund heeft en me leerde wat succes werkelijk betekent; naar mijn staf op het *Chopra Center for Well Being* in La Jolla, Californië en bij *Infinite Possibilities* in Massachusetts; naar mijn uitgebreide familie bij *Harmony*, met name Peter Guzzardi, Patty Eddy, Tina Constable en Chip Gibson; en ten slotte, als gewoonlijk, naar Muriel Nellis, die de peetmoeder is van al mijn ondernemingen op het gebied van schrijven.

Inleiding

De publicatie van mijn boek *De zeven spirituele wetten van succes* riep een onmiddellijke en prachtige reactie op: duizenden mensen die het boek gelezen hadden, gingen in hun dagelijks leven de principes toepassen die de kosmos of de natuur gebruikt bij de schepping van alles wat er op het materiële vlak bestaat.

Na verloop van tijd kreeg ik verzoeken van vele lezers die ook ouders zijn. Hun verzoeken namen diverse vormen aan, maar er klonk één enkel thema uit: 'Ik heb veel baat bij de spirituele wetten, maar ik zou willen dat ik ze jaren geleden had leren kennen. De waarde van principes zoals geven, geen weerstand bieden en erop vertrouwen dat het universum mijn verlangens zal vervullen, is me nu overduidelijk, maar dat was aanvankelijk helemaal niet zo. Het was een hele strijd om de destructieve gewoonten waarmee ik ben opgegroeid te doorbreken. Als ouder wil ik niet dat mijn kinderen dezelfde slechte gewoonten aanleren en later door dezelfde ellende heen moeten om te veranderen. Hoe kan ik ervoor zorgen dat dat niet gebeurt?'

Ik heb dit nieuwe boek geschreven om aan deze verzoeken tegemoet te komen, en de zeven spirituele wetten specifiek uitgebreid voor ouders. Het laat zien dat je de spirituele wetten kunt verwoorden in een taal die een kind kan begrijpen en hanteren. Ik baseer mijn benadering op de overtuiging dat elke ouder hulpmiddelen nodig heeft om kinderen te kunnen opvoeden vanuit een wezenlijk inzicht in de werking van de natuur en van het bewustzijn.

Iedereen op de wereld wil iets; iedereen op de wereld heeft verlangens. Kinderen moeten, van het begin af aan, weten dat een verlangen de meest fundamentele menselijke drijfveer is. Het is de energie van bezieling, van geestdrift. Wanneer we als volwassenen antwoorden zoeken op diepgaande vragen of problematische kwesties in ons persoonlijke leven willen oplossen, maken we gebruik van hetzelfde natuurlijke verlangen dat ons tot nieuwsgierige kinderen maakte, niets anders. Een zoeker is een kind wiens behoefte aan ouderliefde veranderde in behoefte aan Gods liefde; het verlangen naar speelgoed veranderde in een verlangen naar oneindige creativiteit. In dit boek probeer ik ouders te laten zien hoe hun kinderen hun wensen het beste kunnen vervullen en kunnen bereiken wat ze willen. Ik zal daarbij mijn best doen om spirituele concepten zodanig uit te leggen dat een kind ze kan begrijpen. Dit boek richt zich niet alleen op kinderen, want wat kinderen moeten weten is slechts een gewijzigde vorm van wat volwassenen óók moeten weten.

In een maatschappij waarin materieel succes aanbeden wordt, gaat men voorbij aan een fundamentele waarheid: succes hangt af van wie je bent, niet van wat je doet. Zijn of wezen of bezieling – je kunt het elke naam geven die je wilt – is de bron van elke prestatie in het leven. Maar Zijn is heel abstract, dus dat zien we meer als idee dan als iets echts en bruikbaars. Desondanks vinden we, wanneer we de oudste menselijke wijsheidstradities onderzoeken, bepaalde vaststaande, herkenbare, betrouwbare principes via welke bezieling zich ontvouwt van eeuwigdurend Zijn naar het leven van alledag.

Sommige mensen begrijpen misschien maar nauwelijks waarom de spirituele wetten zoveel waarde hebben voor het dagelijks leven en desondanks eeuwenlang in duisternis gehuld zijn gebleven. Men zou, analoog daaraan, kunnen beweren dat de mens zich in het algemeen tot aan de uitvinding van de gloeilamp niet van elektriciteit bewust was, ondanks het feit dat het hele universum vanaf de dageraad der schepping van elektrische energie doordrongen is geweest. Zijn of bezieling of essentie is eveneens onzichtbaar, maar toch heeft het een enorme invloed op het dagelijks leven. De onzichtbare intelligentie achter het zichtbare is werkzaam via de zeven spirituele wetten. Om de analogie nogmaals te gebruiken: als de wetten der elektriciteit niet waren ontdekt, hadden we nooit de beschikking gehad over de praktische toepassing ervan.

In deze tijd van geweld en verwarring bestaat er, meer dan ooit, de dringende noodzaak dat ouders tegenover hun kinderen de taak van spirituele leermeesters op zich nemen. De wetten achter de werking van de natuur – de kosmos – zijn niet exclusief. Ze zijn op alles en iedereen van toepassing. Inzicht in die wetten is daarom niet alleen een manier om een paar mensen verder te helpen, het is voor onze samenleving en zelfs voor onze beschaving van vitaal belang. Wanneer een kritische hoeveelheid kinderen wordt grootgebracht met de toepassing van de zeven spirituele wetten, transformeert dat onze hele beschaving. Liefde en mededogen, kwaliteiten die tegenwoordig zo vaak gebagatelliseerd worden, kunnen de natuurlijke levensadem in ieders bestaan worden. Ik ben van mening dat we het de wereld verschuldigd zijn om ervoor te zorgen dat zoveel mogelijk kinderen opgroeien met kennis van de spirituele werkelijkheid.

Bezield Zijn is altijd ongrijpbaar geweest. Een oud geschrift uit India laat ons weten dat een mes Het niet kan snijden, water Het niet nat kan maken, de wind Het niet kan wegblazen, de zon Het niet kan laten opdrogen. Elke molecuul in het heelal is doordrongen van Zijn; elke gedachte die je hebt, elk beetje informatie dat je via je vijf zintuigen bereikt, is niets dan Zijn. Maar je kunt Zijn over het hoofd zien, aangezien het zich volkomen stilhoudt, als een meesterchoreograaf die nooit aan de dans meedoet. In Zijn worden we allen gedragen, we ontlenen er onze adem en ons leven aan en toch is het iets waar onze ouders ons maar weinig over geleerd hebben.

Dat we zo weinig over bezieling weten is vergeeflijk en we kunnen onszelf de zeven spirituele wetten aanleren met hetzelfde enthousiasme waarmee we ze aan onze kinderen onderwijzen. Dat is, meer dan wat dan ook, het ideaal achter dit boek.

DEEL EEN

Ouderschap en het geschenk van bezieling

Want wat is God, tenslotte?
Een eeuwig Kind dat eeuwig
speelt in de eeuwige hof.

SRI AUROBINDO

De grootste hartewens van ouders is dat hun kinderen succes hebben in het leven. Maar hoeveel mensen beseffen dat bezieling de kortste weg naar succes is? In onze samenleving leggen we dat verband meestal niet, integendeel. We leren onze kinderen hoe ze het hoofd boven water kunnen houden, hoe ze zich moeten gedragen om onze goedkeuring te verdienen, hoe ze zich moeten verdedigen, moeten concurreren, moeten volhouden ondanks teleurstellingen, obstakels en tegenvallers. Hoewel het geloof in God vaak als iets deugdzaams wordt beschouwd, staat de ziel van oudsher los van succes in het dagelijks leven. Dat is een vergissing en het heeft verregaande gevolgen voor ons allemaal, vanaf onze prille jeugd.

Veel mensen nemen voetstoots aan dat succes in wezen iets materieels is, dat het valt af te meten aan geld, prestige of een overdaad aan bezittingen. Dat kan zeker een rol spelen, maar dat soort dingen is geen garantie voor succes. Het succes dat we onze kinderen toewensen moet ook op diverse niet-materiële manieren omschreven kunnen worden. Ze moeten kunnen liefhebben en mededogen kunnen voelen, vreugde kennen en die aan anderen door kunnen geven, de veilige zekerheid hebben dat hun leven een doel dient en, ten slotte, zich verbonden weten met de creatieve kracht van het universum. Al deze factoren vormen samen de spirituele dimensie van succes, de dimensie die innerlijke vervulling schenkt.

Wanneer de zin van je leven zich dagelijks in eenvoud en verwondering voor je ontvouwt, ben je succesvol. Dat betekent ten diepste dat elke pasgeboren baby een succes is. Elk kind heeft het vermogen zich te verwonderen over het alledaagse bestaan, en dat is het duidelijkste bewijs dat de natuur – de kosmos – wil dat we succesvol zijn. Het is onze natuurlijke aard om met een gevoel van vreugde op het leven te reageren. Gods zaden bevinden zich in ons. Wanneer we de weg van bezieling bewandelen, geven we deze goddelijke zaadjes water. Een deugdzaam leven weerspiegelt slechts onze innerlijke intentie. Na verloop van tijd komen Gods bloemen in ons binnenste en om ons heen tot bloei en herkennen we waar we ook gaan, bewijzen en tekens van het wonder van de goddelijkheid.

We hebben daarom als ouders de verantwoordelijkheid om onze kinderen stevig neer te zetten op de weg van bezieling. Daarmee kunnen we hun succes in het leven het beste verzekeren. Het is beter dan geld geven, beter dan een veilig thuis, zelfs beter dan liefde en genegenheid. Sta eens even stil bij deze spirituele invulling van het ouderschap, al verschilt die nog zozeer van wat je op dit moment als je taak ziet.

Om deze nieuwe manier van opvoeden in praktijk te kunnen brengen, hebben we praktische principes nodig die we onze kinderen kunnen aanleren. De principes die ik voor ogen heb, werden in mijn vorige boek naar voren gebracht als de zeven spirituele wetten van succes. Kennis van de spirituele wetten is van wezenlijk belang voor iedereen die een verbinding met de ziel tot stand wil brengen. Als we de spirituele wetten toepassen, brengen we onszelf in harmonie met de natuur. Alle andere manieren van leven leiden tot spanningen en strijd. Successen op basis van strijd kunnen ons iets goeds opleveren, maar daarbij missen we de innerlijk *vervulling* die we aan dat goeds willen ontlenen.

In volwassenentaal luiden de zeven spirituele wetten van succes als volgt:

DE EERSTE WET: *de wet van pure potentialiteit*
De bron van al het geschapene is puur bewustzijn... pure potentialiteit die iets wat niet manifest is wil uiten als iets wat manifest is.

DE TWEEDE WET: *de wet van het geven*
Met onze bereidheid te geven wat we zelf willen hebben, zorgen we ervoor dat de overvloed van het universum in ons leven blijft circuleren.

DE DERDE WET: *de wet van het 'karma'*
Als we acties ondernemen die anderen geluk en

succes brengen, is de vrucht van ons karma geluk en succes.

DE VIERDE WET: *de wet van de minste weerstand*
De intelligentie van de natuur werkt met moeiteloos gemak... onbekommerd, harmonieus en liefdevol. Als we die krachten gebruiken, creëren we met hetzelfde moeiteloze gemak succes.

DE VIJFDE WET: *de wet van intentie en wens*
De mechanismen voor hun vervulling liggen in elke intentie en in elke wens of elk verlangen besloten... in het veld van pure potentialiteit hebben intentie en verlangen een oneindig organiserend vermogen.

DE ZESDE WET: *de wet van afstand nemen en onthechting*
Door onze bereidheid om het onbekende, het veld van alle mogelijkheden, binnen te stappen, geven we ons over aan de creatieve geest die de dans van het universum choreografeert.

DE ZEVENDE WET: *de wet van het 'dharma'*
Wanneer we ons unieke talent combineren met dienstbaarheid aan anderen, ondergaan we de vervoering en de triomf van onze eigen ziel en dat is het ultieme doel der doelen.

Het is niet van belang of je dit 'wetten' of 'principes' noemt. Het zijn wetten voor zover ze regeren over de ontplooiing van de ziel die zich van de onzichtbare wereld van het wezen naar de zichtbare wereld van de stof begeeft. Het zijn principes voor zover wij ze ter harte nemen en ze net zo kunnen toepassen als andere principes, zoals de waarheid zeggen en je fatsoenlijk gedragen.

Waarom hebben we dergelijke principes nodig? Waarom leren we onze kinderen niet eenvoudigweg dat ze God moeten liefhebben en braaf moeten zijn?

Het antwoord luidt dat de zeven spirituele wetten iemand in contact brengen met de werking van de natuur. Wanneer je je leven bewust afstemt op de spirituele wetten, vraag je steun bij het universum, in de vorm van succes en overvloed. Dat is de geheime sleutel waarmee je je bewust kunt worden van je eigen Zijn en gebruik kunt gaan maken van de oneindige macht van het Zijn. Hoe eerder iemand geleerd heeft om moeiteloos, harmonieus en creatief door het leven te gaan, des te waarschijnlijker het wordt dat het hele leven een succes zal worden. Dát moeten we dus op onze kinderen over zien te brengen, en als ons dat lukt bestaat er niets waar we blijer of trotser om zullen zijn.

In elke spirituele traditie ligt wel een versie van deze zeven wetten besloten, maar in hun zuiverste vorm zijn ze voortgekomen uit de oude Vedische traditie van India, waar ze meer dan vijfduizend jaar geleden voor het eerst werden geformuleerd. De zeven spirituele wetten staan in dienst van één enkele visie, namelijk de volgende:

De mens bestaat uit lichaam, geest en ziel. Daarvan is de ziel, oftewel bezieling, het belangrijkst, want bezieling verbindt ons met de bron van alles, het eeuwige veld van bewustzijn. Hoe meer we ermee verbonden zijn, des te meer zullen we genieten van de weelde van het universum, dat zó georganiseerd is dat het onze wensen en verlangens kan vervullen. Alleen in losgekoppelde toestand lijden en strijden we. Het is een goddelijke intentie dat elk menselijk wezen oneindig succes geniet.

Daarom is succes uitermate natuurlijk en gewoon.

Kinderen en bezieling – de leer van de onschuld

Wanneer we met kinderen praten, moeten de zeven spirituele wetten anders verwoord worden, minder abstract. Gelukkig kunnen ze zó gesteld worden dat zelfs heel kleine kinderen ze in hoofd en hart kunnen opnemen.

DE EERSTE WET:
Alles is mogelijk.

DE TWEEDE WET:
Geef wat je wilt krijgen.

DE DERDE WET:
Met elke keuze die je maakt, verander je de toekomst.

DE VIERDE WET:
Zeg niet nee, ga met de stroom mee.

DE VIJFDE WET:
Elke keer dat je iets wenst of verlangt, plant je een zaadje.

De zesde wet:
Geniet van het onderweg zijn.

De zevende wet:
Je bestaan heeft een reden.

Toen ik deze eenvoudige uitspraken neerschreef, hoefde ik er niet lang bij stil te staan of over na te denken, maar achteraf trof het me: als men mij als kind alleen maar deze zeven wetten had voorgehouden, zou mijn leven totaal anders zijn verlopen. Ik zou iets geweten hebben wat zowel heel kostbaar als heel toepasbaar was, iets wat niet vervaagd zou zijn als een les uit mijn jeugd, maar wat jaar na jaar had kunnen rijpen tot een volgroeid spiritueel inzicht.

Een kind dat met spirituele vaardigheden opgroeit, zal de fundamenteelste vragen over de werking van het universum kunnen beantwoorden; het heeft inzicht in de bron van creativiteit, zowel in zichzelf als buiten zichzelf; het is in staat om zonder te oordelen, accepterend en waarheidlievend door het leven te gaan en dat zijn de waardevolste vaardigheden die men kan hebben bij de omgang met andere mensen; het zal vrij zijn van de verlammende angst rond de zin van het leven, een angst die stiekem verderf zaait in het hart van de meeste volwassenen, of ze dat nu kunnen toegeven of niet.

De meest diepgaande vorming die je je kind kunt geven, is spirituele vorming.

Ik heb het nu niet over het opleggen van strenge regels, zoals wanneer je je kinderen leert zich netjes te gedragen omdat ze anders het risico lopen straf te krijgen.

zou de zeven spirituele wetten eigenlijk stuk voor stuk naar voren moeten brengen als *je eigen kijk op het leven*, niet als een regel of een vastliggend voorschrift. Je brengt als ouder veel duidelijker dingen over door wie je bent, niet door wat je zegt. Dit is op zich al een onderdeel van een spirituele zienswijze.

Elk kind heeft al een spiritueel leven. Dat komt doordat elk kind geboren wordt in het veld van oneindige creativiteit en puur bewustzijn dat ziel heet. Niet elk kind weet dat echter. De ziel moet verzorgd worden; ze moet gevoed en aangemoedigd worden. Als dat gebeurt, groeit de onschuldige kinderziel uit tot iemand die sterk genoeg is om opgewassen te zijn tegen de wrange feiten van een vaak onbezielde wereld.

Wanneer het contact met de ziel verloren gaat, verandert dat niets aan het oneindige veld van creativiteit, want dat kan onmogelijk geschaad worden, maar het kan iemand veel schade berokkenen ten aanzien van zijn kansen in het leven. Met bezieling zijn we allemaal kinderen van de kosmos; zonder bezieling zijn we verweesd en losgeslagen.

Laten we eens een voorbeeld nemen. De zevende wet luidt: je bestaan heeft een reden. Voor een kind kan de reden van zijn bestaan in heel eenvoudige, alledaagse termen verwoord worden, zoals

> Waardoor maakte het vandaag iets uit dat ik er was?
> Welk talent heb ik ontdekt?
> Wat heb ik meegemaakt – iets wat ik kreeg, een inzicht, een mooie belevenis – dat me het gevoel gaf

een bijzonder mens te zijn?
Wat heb ik gedaan waardoor ik een ander het gevoel gaf een bijzonder mens te zijn?

Dit zijn allemaal eenvoudige variaties op de fundamentele vraag: waarom ben ik hier? We stelden die vraag als kind allemaal en we hielden er alleen maar mee op omdat we de indruk kregen dat onze ouders en leraren er niet echt een antwoord op hadden.

Een kind dat niet geleerd heeft om stapje voor stapje te onderzoeken wat iets betekent, zal op een dag onder veel moeilijker omstandigheden moeten proberen de zin van het leven te vinden. Meestal stellen we die zoektocht uit tot de late tienerjaren of de eerste jaren als twintiger, en soms beginnen we er pas als veertiger aan, terwijl dit ongelukkig genoeg de roerigste fasen van onze persoonlijke ontwikkeling zijn. De vraag naar de 'zin van het leven' wordt verward met rebellie en met de onstuitbare emoties die zo typerend zijn voor de late puberteit, of met het groeiende besef van sterfelijkheid dat halverwege het leven ontstaat. Op school worstelen we met de ideeën van de grote spirituele leermeesters en filosofen. We raken overspoeld door discussies over de vraag of het bestaan eigenlijk wel zin heeft. (Ik denk dat iedereen die de jaren zestig heeft meegemaakt pijnlijke herinneringen heeft aan deze fasen van de strijd.)

Maar een kind dat al vanaf drie- of vierjarige leeftijd te horen kreeg dat zijn bestaan een reden heeft, zou een heel andere toekomst tegemoet gaan. Zo'n kind zou het zoeken naar de zin van het leven als iets natuurlijks en vanzelfsprekends zien, als het spirituele equivalent van lezen en schrijven, ook iets wat je moet leren. Er zou geen sprake zijn van jaren uitstel, gevolgd door wanhopige innerlijke roerselen. 'Waarom ben ik hier?' hoeft geen met angst beladen existentiële vraag te zijn. Het is de blijmoedigste verkenningstocht die een mens kan ondernemen en we doen onze kinderen een enorm plezier door het ook als zodanig naar voren te brengen. Een kind dat aandacht zou geven aan alleen al dit ene principe zou een veel rijker – een veel succesvoller – leven hebben dan talloze volwassenen voor wie 'bezieling' en 'God' begrippen zijn die voor eeuwig opgesloten blijven in een wereld van abstracties.

Ware spirituele groei verandert mensen op paradoxale wijze. Deze brengt begrip en inzicht mee en behoedt tegelijkertijd de onschuld. We staan als ouders in hoge mate bloot aan de verleiding ons van onze eigen jeugd te distantiëren. We doen namelijk net alsof we meer over het leven weten, terwijl we meestal alleen maar meer hebben meegemaakt. We zijn goed geworden in een aantal dingen: we kennen de regels en weten hoe we straf moeten vermijden, we verbergen onze zwakheden achter machtsvertoon, we laten nooit het masker van onkwetsbaarheid vallen. Er bestaat geen beter recept voor het vernietigen van de onschuld van een kind dan het vernietigen van onze eigen onschuld.

Gezien door de ogen van de ziel is iedereen onschuldig, in elke betekenis van dat woord. Omdat je onschuldig bent, heb je niets gedaan wat straf of goddelijke wraak rechtvaardigt. Je wordt elke dag nieuw gemaakt. Je bent iemand die dingen meemaakt, iemand die onophoudelijk tot vreugde en verwondering inspireert. Er bestaat in spiritueel opzicht maar één verschil tussen de onschuld van kinderen en de onschuld van volwassenen: wij volwassenen zijn onschuldig *met inzicht*, en dat inzicht moeten we overbrengen, terwijl we de pure, frisse, ongerepte kwaliteit behouden die met ware kennis gepaard gaat.

Hoe je begint

Vanaf de dag dat je kind geboren wordt, ben je leermeester in bezieling. Wanneer je een sfeer van vertrouwen, openheid, niet oordelen en acceptatie creëert, worden die kwaliteiten opgenomen als kwaliteiten van de ziel.

In een volmaakte wereld zou opvoeding neerkomen op één enkele uitspraak: *Toon alleen liefde, wees alleen liefde.* Maar in de wereld waar wij allen mee te maken hebben, worden opgroeiende kinderen heel vaak geconfronteerd met liefdeloos gedrag, aanvankelijk buitenshuis maar soms ook binnenshuis. In plaats van je zorgen te maken over de vraag of je wel genoeg liefde geeft om je te kwalificeren als spiritueel leermeester, kun je spiritualiteit ook zien als deskundig zijn op het gebied van leven, want dat is het in feite. Ik geloof dat het goed is die deskundigheid zo vroeg mogelijk over te dragen, op alle manieren die een kind kan begrijpen.

BABY, 0-1 jaar

SLEUTELWOORDEN: *Liefde, affectie, aandacht*

Het is voor onze generatie een geluk dat men de misvatting dat een kind van de wieg af getraind en gedrild moet worden, van de hand heeft gewezen. Een baby is puur spiritueel goud. Door diens onschuld te koesteren vinden we het pad naar onze eigen onschuld terug. Dus eigenlijk is het in een zeer belangrijk opzicht de ouder die aan de voeten van de baby zit. Je gaat een spirituele band met je baby aan door hem aan te raken, vast te houden, bescherming te bieden, door met hem te spelen en hem aandacht te geven. Zonder deze 'primitieve' reacties uit de omgeving kan het menselijk organisme niet tot bloei komen; het verkommert en verlept even onvermijdelijk als een bloem die geen zonlicht krijgt.

PEUTER, 1-2 jaar

SLEUTELWOORDEN: *Vrijheid, aanmoediging, respect*

Dit is het beginstadium van het ego. Ik gebruik het woord 'ego' hier in de eenvoudigste zin, namelijk 'ik-gevoel', de overtuiging 'ik ben'. Het is een precaire periode, want een peuter probeert voor het eerst hoe het is om zich van de ouder los te maken. De verlokkingen van vrijheid en nieuwsgierigheid trekken hem in de ene richting, maar angst en onzekerheid trekken hem in de andere richting. Niet alles wat je meemaakt als je op jezelf staat is aangenaam. Het is daarom aan de ouders om een spirituele les door te geven die elk kind nodig heeft om tot onafhankelijke eigenheid te komen, namelijk dat het veilig is in de wereld.

Wanneer je je als volwassene veilig voelt, wil dat zeggen dat je, in een periode vóór je tweede jaar, niet door angst geconditioneerd werd; je werd daarentegen aangemoedigd je onbegrensd te ontwikkelen, je leerde de vrijheid waarderen ondanks de blauwe plekken die je af en toe kon oplopen als je hardhandig in aanraking kwam met de dingen in deze wereld. Vallen is niet hetzelfde als falen; je pijn doen is niet hetzelfde als besluiten dat de wereld gevaarlijk is. Pijn is niets anders dan het middel waarmee de natuur een kind laten weten waar de grenzen liggen: pijn bestaat om een peuter te laten zien waar 'ik' begint en ophoudt, het helpt een kind bij het vermijden van potentiële gevaren zoals je branden of van de trap vallen.

Wanneer ouders dit natuurlijke leerproces verstoren, resulteert dat in een psychische vorm van pijn en dat was niet de opzet van de natuur. Psychische pijn creëert grenzen die je niet kunt overschrijden zonder een diep gevoel van angst over je zijnstoestand. Als een kind verband legt tussen pijn hebben en stout zijn, zwak zijn, onvermogen en voortdurende dreiging, blijft er geen ruimte over voor innerlijke groei. Zonder een gevoel van veiligheid is bezieling onbereikbaar. Iedereen probeert altijd zich simpelweg geborgen te voelen, maar die geborgenheid bereik je niet zonder dat je de patronen die zich in je vroege jeugd vormden, te boven bent gekomen.

KLEUTER, 2-5 jaar

SLEUTELWOORDEN: *Waardering, verkenning, goedkeuring*

In dit stadium is het kind met niets anders bezig dan met het opbouwen van een gevoel van eigenwaarde. Zelfwaardering verschaft je de bereidheid om het gezin te verlaten en de grote, wijde wereld in te gaan. Men vereenzelvigt het met taken en uitdagingen. Tot op de leeftijd van twee of drie jaar heeft een peuter geen verantwoordelijkheid voor taken: simpelweg spelen en blij zijn is voldoende. Spiritueel gezien bestaat er geen andere behoefte dan een veilige bedding voor de verrukking van een ik dat zich ontplooit in een frisse, nieuwe wereld.

Door de zindelijkheidstraining en het zelf leren eten gaat een peuter beseffen dat 'ik ben' zich kan verruimen tot 'ik kan'. Wanneer het ego dat eenmaal beseft, is er bij een tweejarige geen houden meer aan. Hij denkt dat hij de hele wereld – en zeker alle gezinsleden – in zijn broekzak heeft. Het woordje 'ik' werkt als een stroomgenerator die wordt ingeschakeld en we noemen het 'de terreur der tweejarigen' omdat het pasgeboren ego zich krachtig maar nogal onbeheerst laat gelden. Schreeuwen, krijsen, rondrennen, het oppermachtige *nee!* laten horen en een algehele poging de werkelijkheid louter door wilskracht naar je eigen hand te zetten: dat is precies wat er in dit stadium gaande hoort te zijn.

Spiritueel gezien ligt de waarde van deze fase in het feit dat macht een spiritueel gegeven *is*: alleen de vervorming van macht leidt tot problemen. Dus in plaats van te proberen de stormloop op de macht bij je kind te beteugelen, kun je die drang beter in goede banen leiden door taken en uitdagingen waarmee het kind evenwicht leert vinden. Als de machtshonger van een kleuter niet in balans wordt gebracht, loopt deze uit op verdriet, omdat de macht van het kind dan alleen maar een illusie is. Een tierende tweejarige is nog steeds een heel klein, kwetsbaar, ongevormd mens. We houden genoeg van het kind om de illusie te laten bestaan, maar we willen dat het opgroeit tot een sterk, capabel mens die het gevoel heeft dat hij opgewassen is tegen elke uitdaging die hij tegenkomt. Een dergelijk gevoel van eigenwaarde kan zich niet ontwikkelen wanneer het idee dat je ergens macht over hebt in dit stadium wordt afgekapt of onderdrukt.

GROTE KLEUTER – BEGIN BASISSCHOOL, 5-8 jaar

SLEUTELWOORDEN: *Geven, delen, niet oordelen, acceptatie, waarheid*

De sleutelwoorden die van toepassing zijn op de eerste schooljaren klinken wat socialer. Er zijn uiteraard nog een heleboel andere woorden, want als een kind de wereld eenmaal vijf jaar heeft meegemaakt, zijn de hersenen zo complex en actief dat er talloze concepten in worden opgenomen en beproefd. Ik wil ook niet de indruk wekken dat begrippen als geven, delen en de waarheid zeggen vóór deze leeftijd genegeerd kunnen worden, maar het is in dit stadium een belangrijk gegeven dat het kind inmiddels abstracte concepten in zich op kan nemen. Nu groeit bij het kind – dat tot op heden geen inzicht had in de redenen voor je gedrag en alleen maar wist hoe het voelde – het concrete denken uit tot het vermogen om feiten te accepteren die verder gaan dan 'ik ben', 'ik wil,' en 'ik eerst'.

Door geven laten we, op elke leeftijd, zien dat we empathie voelen met behoeften buiten die van onszelf. Wanneer geven als verlies wordt gezien – ik moet iets opgeven opdat jij het kunt hebben – heeft men geen onderricht gekregen in de spirituele les van dit stadium. Geven betekent, spiritueel gesproken: 'Ik geef aan jou zonder erbij te verliezen omdat jij deel uitmaakt van mij.' Een jong kind kan dit idee niet helemaal bevatten, maar het kan het wel *voelen*. Kinderen *willen* niet alleen delen, ze zijn er dol op. Ze voelen de warmte die ontstaat wanneer je verder reikt dan de egogrenzen en een ander bij jouw wereld betrekt; er bestaat niets intiemers en daarom voelt niets zo verrukkelijk.

Hetzelfde geldt voor het vertellen van de waarheid. We liegen om onszelf te beschermen, om het gevaar gestraft te worden af te wenden. Angst voor straf betekent innerlijke spanning, en zelfs als een leugen ons bescherming biedt tegen vermeende gevaren, leidt ze zelden of nooit tot verlichting van de innerlijke spanning. Dat kan alleen de waarheid. Wanneer een jong kind te horen krijgt dat de waarheid zeggen een goed gevoel geeft, heeft het de eerste stap gezet op weg naar het besef dat de waarheid een spirituele kwaliteit bezit. Het is niet nodig om straf te gebruiken. Wanneer je voedsel geeft aan de overtuiging 'vertel de waarheid of je zit in de nesten' heb je iets doorgegeven wat spiritueel onjuist is. Een kind met een neiging tot liegen laat zich leiden door angst; als de waarheid aan die angst gekoppeld is, is het heel logisch dat het kind probeert nóg beter te worden in het *ogenschijnlijk* vertellen van de waarheid.

In beide gevallen wordt het kind gedwongen zich beter voor te doen dan het voor zijn eigen gevoel werkelijk is. Iets leren doen omdat anderen dat van je eisen, is het beste recept voor spirituele afbraak. Je kind moet het gevoel hebben: 'Dit is wat ik zelf graag wil.'

OUDERE KINDEREN, 8-12 jaar

SLEUTELWOORDEN: *Onafhankelijk oordeel, onderscheidingsvermogen, inzicht*

Veel ouders genieten van dit stadium het meest, omdat de kinderen onafhankelijk worden en een eigen persoonlijkheid ontwikkelen. Ze hebben een eigen mening, krijgen hobby's, sympathieën en antipathieën, worden ergens enthousiast voor: een golf van ontdekkingen die kunnen leiden tot zaken die een levenlang meegaan, zoals belangstelling en liefde voor wetenschap of kunst. De belangrijkste spirituele concepten van dit stadium zijn allemaal afgestemd op deze boeiende fase.

Het mag dan droog klinken, maar 'onderscheidingsvermogen' is een schitterende eigenschap voor een mens. Het gaat veel verder dan goed en kwaad uit elkaar kunnen houden. Het zenuwstelsel is op deze leeftijd in staat om subtiele indrukken vast te houden die een grote diepgang hebben en die voor de toekomst van groot belang zijn. Een kind van tien kan wijs zijn, en nu komt voor het eerst een van de neteligste gaven – eigen inzicht – aan de orde. Het kind kan met eigen ogen zien en oordelen, het ontvangt de wereld niet langer 'tweedehands' via de volwassenen.

Daarom is dit het eerste stadium waarin een spirituele wet als concept begrepen kan worden. Vóór deze fase is een wet net zoiets als een regel die je dient te gehoorzamen of die je in ieder geval in acht moet nemen. In plaats van het woord 'wet' te gebruiken, kunnen ouders nuttige inzichten ook overbrengen met termen als 'zo werken de dingen' of 'waarom de dingen lopen zoals ze lopen' of 'hoe doe je iets zó dat je je er goed bij voelt'. Dit zijn de concretere, meer ervaringsgerichte manieren om hen te onderrichten. Tegen de leeftijd van een jaar of tien verkeert het abstract redeneren echter in onafhankelijkheid en wordt de *ervaring*, in plaats van een gezagsdrager, de werkelijke leraar. Hoe dat komt is een spiritueel raadsel, want er is al sinds de geboorte sprake van ervaring, maar om de een of andere reden spreekt de wereld een kind plotseling aan; het krijgt vat op wat er in zijn binnenste opwelt: waarom iets al of niet waar is, waarom waarheid en liefde iets uitmaken.

VROEGE TIENERJAREN, 12-15 jaar

SLEUTELWOORDEN: *Zelfbewustzijn, experimenteren, verantwoordelijkheid*

De kindertijd eindigt bij de vroege adolescentie, van oudsher een zware en lastige periode. Het betekent voor het kind dat zijn onbevangenheid plotseling uitloopt in de puberteit en in de komst van behoeften waarin de ouders niet langer kunnen voorzien. Voor de ouders gaat het besef dagen dat ze hun kinderen los moeten laten. De ouders moeten erop vertrouwen dat hun kinderen in staat zijn om te gaan met de verantwoordelijkheden en de druk van een wereld waaraan zij zich zélf nog maar nauwelijks zonder een gevoel van onzekerheid hebben aangepast.

Doorslaggevend hierbij is het feit dat de lessen uit de jeugd inmiddels óf zoete óf bittere vruchten hebben afgeworpen. Een kind dat oprechte spirituele inzichten heeft meegekregen, zal de trots en het vertrouwen van zijn ouders weerspiegelen; een kind dat in verwarring raakt, zich laat meeslepen door roekeloze experimenteerdrift en groepsdruk, weerspiegelt evenzeer de verborgen verwarring van zijn opvoeding. De adolescentie staat bekend als een periode waarin men zich zeer bekeken voelt, maar het kan ook een periode zijn waarin men zelfbewust zichzelf beschouwt.

Experimenteren is een natuurlijk en vanzelfsprekend onderdeel van deze overgang vanuit de kinderjaren, maar het hoeft niet roekeloos en destructief te zijn. Het gaat er nu om of het kind een innerlijk ik heeft dat als gids kan dienen. Dit innerlijke ik is de stille stem die de kracht heeft om te kiezen tussen goed en kwaad, op basis van een diepe kennis van het leven. Deze wijsheid en kennis zijn niet tot een bepaalde leeftijd beperkt. Een pasgeboren baby heeft ze evenzeer als een gerijpte volwassene. Het verschil is echter dat een gerijpte volwassene gedrag heeft aangekweekt waarin de richtlijnen van de innerlijke gids worden opgevolgd. Als je kind geleerd heeft acht te slaan op zijn eigen stilte, kun je het zonder gevaar de wereld in laten gaan zodra het geen kind meer is. Het is in feite een vreugdevolle belevenis (zij het zo af en toe zenuwslopend) om te zien hoe zijn zelfbewustzijn toeneemt door te experimenteren met het brede scala van keuzes die het leven hem te bieden heeft.

Goed van kwaad leren onderscheiden

Omdat we allemaal zijn opgegroeid in een maatschappij waarin maar weinig werkelijke waarde wordt toegekend aan een spiritueel leven, kan het verwarrend zijn om na te denken over de vraag wat het nu precies betekent om voor je kind een spiritueel leermeester te zijn. In hoeverre is het bijvoorbeeld iets anders dan een goede en liefhebbende ouder zijn? We zullen dat laten zien aan de hand van een cruciale kwestie die bij alle kinderen de kop opsteekt: hoe leer je hun het verschil tussen goed en kwaad?

Ik denk dat we het er allemaal over eens zijn dat we de oude gewoonte om kinderen iets te leren via straf en reprimandes dienen te vermijden. Als je jezelf in de rol van straffende autoriteit plaatst, benadruk je alleen maar de ethische dilemma's die je zelf nog niet hebt opgelost. Kinderen bespeuren heel snel de kloof tussen wat we als ouders beweren en ons gedrag. Ze leren dan wellicht ons te gehoorzamen, uit angst voor straf, maar ze voelen dat een ouder die dreigementen en dwang moet gebruiken geen echt voorbeeld is van 'deugzaamheid'.

Desondanks weten we allemaal dat zich, ondanks onze allerbeste bedoelingen, af en toe perioden voordoen waarin het verleidelijk is om kinderen te straffen, puur van uitputting en frustratie. Als we dat soort momenten aan een nauwkeurig onderzoek onderwerpen, beseffen we dat we het straffen gebruiken als oplossing voor kwesties die we in ons eigen binnenste nog niet hebben opgelost. Geloven we werkelijk dat het mogelijk is om voortdurend waarlijk deugdzaam te zijn? Zijn we bang voor een God die strafmaatregelen neemt als we iets fout doen? Is het kwaad een kracht waar we ons hulpeloos en machteloos bij voelen, niet zeker wetend of het goede in deze wereld er wel tegen bestand is, laat staan erover kan zegevieren?

De zwakheden en tekortkomingen van ons eigen spirituele leven komen naar voren in de keuzes die we maken bij onze manier van opvoeden. Hieraan valt niet te ontkomen en ook al probeer je nog zo liefdevol en zachtmoedig te zijn voor je kinderen, er komen ongetwijfeld momenten waarop je eigen twijfels bovenkomen. Een spiritueel leermeester zijn gaat verder dan je gedrag: je bent hier om echte waarheden door te geven over de aard van een spiritueel leven.

De makkelijkste manier om iemand de betekenis van

bezieling uit te leggen is het creëren van een sfeer waarin bezieling wordt ingeademd als liefde. Een baby krijgen is zo'n genade dat elke ouder dat geschenk honderdvoudig terug wil geven. Het is een impuls die ik van zeer nabij heb gevoeld. Ik haalde het zelfvertrouwen om dit boek te schrijven uit het feit dat mijn eigen twee kinderen me de kans gaven om via hen de zeven spirituele wetten te leren kennen. Kinderen zijn, door hun onbevangenheid, nietsontziende leermeesters in waarheid en liefde. Als je ze niet grootbrengt in een sfeer van totale liefde, maakt het niet uit welke wetten je naar jouw idee onderwijst: het worden toch gewoon doodse regels die je kind van de hand zal wijzen zodra er geen autoriteit meer is die gehoorzaamheid eist.

Al toen onze kinderen nog heel klein waren, merkten mijn vrouw en ik dat we instinctief volgens bepaalde gewoonten te werk gingen, die pas later uitkristalliseerden tot principes:

- We leerden onze kinderen om de ziel als realiteit te zien en te geloven in een oneindige bron van liefde die hen zeer was toegedaan. Dat was onze gebruikelijke definitie van God.
- We zetten hen niet onder druk voor het leveren van conventionele prestaties. Dat was onze manier om hen te laten weten dat het universum hen koesterde en op handen droeg om wie ze waren en niet om wat ze deden;
- We vonden het nooit nodig hen te straffen, al lieten we het onze kinderen eerlijk weten wanneer we teleurgesteld, boos of verdrietig waren. Zo leerden ze

iets door erover na te denken, in plaats van via regels.

- We hielden altijd voor ogen dat onze kinderen een geschenk van het universum waren en lieten hun dat weten. We zeiden hoe bevoorrecht en vereerd we ons voelden dat we hen mochten helpen opvoeden. Ze waren ons bezit of eigendom niet. We projecteerden onze eigen verwachtingen niet op hen. We voelden nooit de behoefte hen – ten goede of ten kwade – met anderen te vergelijken. Zo gaven we hun het gevoel dat ze compleet waren.
- We lieten hun weten dat ze talenten hadden die een verandering teweeg konden brengen in het leven van anderen. We lieten hun tevens weten dat ze alles wat ze maar wilden in hun eigen leven konden creëren en veranderen.
- We legden al heel vroeg uit welke vorm van succes er werkelijk toe doet: een doel bereiken dat de moeite waard is en dat voor jezelf iets betekent, een doel dat vreugde schenkt. Wij kenden zelf geen betere manier om anderen iets zinvols en vreugdevols te schenken.
- Ten slotte: we moedigden hen aan in hun dromen en idealen. Zo lieten we onze kinderen weten dat ze op hun eigen verlangens af moesten gaan en dat ze konden vertrouwen op de koninklijke weg naar de innerlijke wereld.

We waren geen perfecte ouders en maakten uiteraard menige uitglijder wat onze idealen betreft, maar mijn vrouw en ik vonden een manier om onze kinderen op te voeden door inspiratie. Laten zien hoe je 'begeesterd' of 'bezield' kunt zijn, betekent in feite dat je laat zien wat *inspiratie* is, dat wil zeggen hoe je de bezieling, de geest, de adem van God in kunt ademen. Met zo'n voorbeeld laat je ook zien wat enthousiasme betekent, een woord dat is afgeleid van het Griekse *en theos*, hetgeen 'in God' betekent.

Waarschijnlijk is dit laatste het belangrijkste. Wanneer je als ouders werkelijk op praktisch niveau spirituele wetten op je kinderen wilt overbrengen, dien je te weten of je daar succes mee hebt of niet. Dat weet je het beste door te kijken of je kinderen geïnspireerd en enthousiast zijn. Inspiratie, enthousiasme en vreugde zijn spirituele kwaliteiten. Als die kwaliteiten ontbreken, is er geen sprake van een spiritueel leven, op welke leeftijd dan ook.

Dit stelt me in de gelegenheid om mijn diepe dankbaarheid ten opzichte van mijn vrouw, Rita, uit te spreken. Haar instinct voor liefde en genegenheid heeft me altijd de weg gewezen. Het feit dat we ons lieten leiden door haar spirituele instincten, bepaalde ook welke dingen wij als ouders *niet* gedaan hebben. We eisten geen gehoorzaamheid en namen ook niet de houding van autoriteit aan. We deden niet alsof we altijd op alles een antwoord hadden. We onderdrukten onze gevoelens niet en vertelden onze kinderen ook niet dat zoiets goed voor hen was. Bovendien probeerden we hen iedere dag zó op te voeden dat ze hun eigen leven leidden en niet het leven dat wij zelf graag geleid hadden willen hebben.

Al deze gewoonten kunnen tot één voorschrift worden teruggebracht: *Elk kind heeft net zoveel gerijpte liefde nodig als je geven kunt*. Liefde is pas gerijpt – en niet simpelweg volwassen – als er een bewuste spirituele intentie achter zit. De geboorte van een baby luidt ons bestaan als leermeester in bezieling in. Daarna verlaten we ons op de genade van liefde, die onze intentie richting geeft in de jaren die voor ons liggen. Bezieling tilt ons boven onze individuele feilbaarheid uit en daarmee leren we onze kinderen de diepste, waardevolste lessen.

DEEL TWEE

Het toepassen van de zeven spirituele wetten

Hopelijk kunnen we onze kinderen twee blijvende erfstukken meegeven.
Het ene is wortels, het andere... vleugels.

HODDING CARTER

Je kunt als je kinderen nog maar heel klein zijn al beginnen de zeven spirituele wetten te integreren in de dagelijkse gang van zaken binnen het gezin. Als dat op een natuurlijke wijze gebeurt, zonder dwang of druk, groeien je kinderen op met levende voorbeelden van hoe bezieling het leven tot een succes maakt.

Na verloop van tijd gaat een kind steeds beter begrijpen wat de wetten betekenen. Onthoud dat kinderen voornamelijk leren van wie je bent, niet van wat je zegt. Je gebruiken en gewoonten hebben steeds de grootste positieve invloed. Kinderen hebben jou nodig als rolmodel en voorbeeld; in die zin oefenen zij zich al vanaf het prille begin door naar jou te kijken. Wanneer ze zien dat jij groeit en verandert en zelf steeds meer inhoud en vreugde vindt in het leven, krijgt de uitdrukking 'in harmonie zijn met het universum' een praktische lading.

Dan willen ze dat zelf ook, ook al kunnen ze de daarbij behorende principes nog niet volledig bevatten.

Op de volgende bladzijden heb ik een programma voor het hele gezin geschetst, van dag tot dag. Elke dag van de week is gewijd aan één enkele wet, te beginnen bij de zondag en de wet van pure potentialiteit. Wij besteden in ons gezin iedere dag wat tijd aan een gesprek over de betekenis van een wet en we spreken af dat we zullen uitkijken naar voorbeelden hoe die wet die dag voor ons werkte.

In het algemeen kan men stellen dat elke vorm van spirituele oefening draait om oplettenheid: alleen al door alert te zijn en aandacht te hebben voor de zeven spirituele wetten, roep je hun organiserend vermogen in je leven op.

Tot de dagelijkse gang van zaken behoren ook drie activiteiten die je helpen om je aandacht op de wet van die dag te richten. Op zondag bestaan die activiteiten uit stille meditatie, eenwording met de natuur en proberen niet te oordelen. Alle gezinsleden, kinderen zowel als ouders, beloven dat ze wat tijd aan deze drie activiteiten zullen besteden; het is het beste als men die tijd met het hele gezin doorbrengt.

Alles bij elkaar genomen vragen die activiteiten niet meer dan een paar minuten, hoogstens een half uur. Ergens aandacht voor hebben is hoe dan ook geen kwestie van tijd, het is een kwestie van je bewustzijn gebruiken. Er is maar een fractie van een seconde voor nodig om iets moois op te merken en het kost helemaal geen tijd om ermee op te houden over anderen te oordelen.

Het dagelijks hoogtepunt is het avondeten, waarbij er

gepraat wordt over wat iedereen in de loop van de dag heeft gedaan en opgemerkt en geleerd. Het is een luchtig en ongedwongen gesprek. Iedereen die iets wil zeggen doet dat, met zoveel of zo weinig woorden als men prettig vindt. Aanvankelijk, als de spirituele wetten nog nieuw zijn, kan het zijn dat je als ouders je kinderen nog een beetje moet aanmoedigen en tot commentaar moet verleiden, maar ze hebben het al heel gauw te pakken: tenslotte is dit het moment waarop er naar hen geluisterd wordt, waarop jullie als ouders op een volkomen positieve wijze aandacht voor hen hebben.

Zondag

is de dag van pure potentialiteit

Vandaag houden we onze kinderen voor:
'Alles is mogelijk, wat dan ook.'

Op zondag spreken we als ouders met elkaar af dat we met onze kinderen het volgende zullen doen:

1 We gaan hen voor in een paar minuten stille meditatie.

2 We inspireren hen tot waardering voor de schoonheid en het wonder van de natuur.

3 We laten hun de verborgen mogelijkheden in vertrouwde situaties zien.

Iedereen kan het aantal zaadjes in een appel tellen; niemand kan het aantal appels in een zaadje tellen.

ANONIEM

Op zondag besteedt het gezin aandacht aan de gedachte dat alles mogelijk is. Het veld waar alles mogelijk is heet bezieling; dat is onze bron. In ieder mens ligt het zaad van creativiteit, dat in alle richtingen uit kan groeien. We worden door niets anders beperkt dan door onszelf, want het waarachtigste aspect van ieder mens is zijn ongebonden potentieel.

Door ons met onze bron te verbinden, activeren we alle mogelijkheden in het dagelijks leven. Dat betekent in de praktijk dat we allemaal de tijd nemen om dit stille veld van puur bewustzijn te ondergaan. Kinderen moeten leren dat stilte de thuishaven is van de ziel. Alle andere stemmen spreken hardop, maar de ziel communiceert zonder geluid.

Contact hebben met het veld van alle mogelijkheden betekent dat je aan zelfverwijzing doet, hetgeen wil zeggen dat je bij jezelf te rade gaat. Zelfverwijzing schenkt een bezielende voldoening die je met materieel succes niet kunt bereiken. We willen succes omdat we onze mogelijkheden tot geluk willen verwerkelijken, niet alleen onze mogelijkheden om geld te verdienen en prestaties te leveren. Zondag is een goede dag om de hele week op dat soort overtuigingen te grondvesten.

Bij kinderen is het gebruik van de taal van het hart vaak effectiever dan het gebruik van abstracte woorden zoals *potentialiteit*. 'Luister naar je hart, in je hart weet je het,' is een goed begin, samen met zinnen zoals deze:

> Neem je met hart en ziel voor om alles te zijn wat je in je hebt.
> In je hart is alles mogelijk.
> In je hart weet je dat alles zo goed mogelijk zal verlopen.
> Als je zuiver van hart bent, kun je alles naar je toe halen.
> Wat er om je heen ook gebeurt, in je hart weet je dat je het kunt.

Je moet ook duidelijk maken dat *je hart* niet louter een ander woord is voor je binnenste of je gevoelens. Het hart is een centrum van spiritualiteit. Er huizen stilte en wijsheid. Er rijzen wel degelijk uiterst oprechte gevoelens als liefde en mededogen uit deze bron op, maar we willen dat onze kinderen het hart leren lokaliseren als de plek waar het 'ik ben'-besef huist. Dit is het zaad van de inspiratie waar alle mogelijkheden uit voortkomen; het is onze verbinding met het veld van pure potentialiteit. Geen mens is succesvol wanneer hij zich niet in het diepst van zijn hart succesvol voelt.

Zondag met de kinderen

De drie activiteiten voor zondag zijn mediteren, bewust stilstaan bij de schoonheid en de wonderen van de natuur en nieuwe mogelijkheden leren zien in vertrouwde situaties.

1 De volwassenen in het gezin zouden 's morgens en 's middags 15 tot 20 minuten in stilte moeten mediteren. Men kan jonge kinderen geleidelijk aan deze gewoonte leren wennen. Vanaf dat kinderen een jaar of zes zijn, kun je ze voorhouden dat het goed is om een paar minuten per dag alleen en stil te zijn. Doe vóór deze leeftijd geen poging om de natuurlijke levendigheid en het enthousiasme van je kinderen te onderdrukken.

Innerlijke stilte is een subtiele ervaring die pas tot bloei kan komen als het zenuwstelsel is gaan rijpen. Totdat je kinderen een jaar of twaalf zijn, kun je ermee volstaan alleen maar zelf het voorbeeld te geven. In plaats van erop te staan dat de meditatie deel gaat uitmaken van de dagelijkse routine, kun je je kind beter wanneer dat zo uitkomt losjes uitnodigen om samen met jou stil te zijn (bij voorkeur wanneer je zelf zit te mediteren) en met gesloten ogen rustig te ademen. Vraag het goed te voelen hoe de adem zachtjes naar binnen en naar buiten gaat; men kan een ouder kind vragen de adem te visualiseren als een zacht blauw-wit licht dat de neusgaten in- en uitgaat. Zeg bemoedigende dingen. Laten merken dat jij van jouw meditatie geniet, werkt heel aanstekelijk.

Als je pas begint, is vijf minuten van deze eenvoudige

ademoefening genoeg. Opvoeren tot een kwartier op een leeftijd van tien tot twaalf jaar.

Word niet ongeduldig als je kind er niet veel voor voelt om elke keer dat je hem daartoe uitnodigt stil te gaan zitten. Als het alleen maar gewriemel en gedraai oplevert, laat hem dan gewoon weggaan terwijl jij doorgaat met je meditatie. Je geeft een voorbeeld door er zelf van te genieten, waardoor je kind de oefening vanzelf aantrekkelijk gaat vinden.

Waaruit moet je eigen meditatie bestaan? Ik propageer ofwel de ademmeditatie die ik zojuist beschreef, ofwel een meditatie op het oergeluid. (Premordial Sound Meditation. Deze meditatie wordt onderwezen op het Chopra Center for Well Being en ook door leraren die daar werden opgeleid. Je kunt voor het Nederlands taalgebied bellen met het OM Instituut in Baarn, zie achter in dit boek, om te weten te komen waar zich in jouw omgeving een gekwalificeerde leraar bevindt.)

Zonder inzicht verliest meditatie de helft van haar waarde, dus alles wat je tegen je kinderen kunt zeggen over de voordelen van meditatie zal een enorme stimulans zijn. Innerlijke stilte bevordert helderheid van geest; het zorgt ervoor dat we onze innerlijke wereld op waarde gaan schatten; we raken eraan gewend om ons, wanneer we geconfronteerd worden met moeilijkheden en uitdagingen, te wenden tot de bron van vrede en inspiratie in ons binnenste.

2 De natuur ademt de geest van bezieling. Haar schoonheid weerspiegelt onze wezenlijke verwondering om het feit dat we hier zijn. Dus wanneer je de tijd neemt om de natuur in te trekken – een wandeling in het park, een tocht door een natuurgebied, een picknick aan het strand of in de bergen – kun je in elk nietig bloemetje een oneindige creativiteit zien. Ik ben dol op de uitspraak: 'Wat God ons geven kan, wordt louter beperkt door ons vermogen zijn geschenken te waarderen.' Als het om succes gaat is dat volkomen waar: je kunt nooit verder zien dan je visie toestaat. De natuur is een perfecte plek om je horizon te verbreden.

Kinderen laten zich dolgraag inspireren door de wonderen der natuur en je kunt die ervaring ondersteunen door aan te geven hoe vrij en weids we ons in de natuur gaan voelen. Er welt vanzelf een 'ik kan alles'-gevoel in je op bij het zien van de uitgestrekte open hemel of de luister van een torenhoge bergketen. Mensen die zich op de fysieke aspecten van de natuur richten, zijn geneigd stil te staan bij de nietigheid en de onbelangrijkheid van de mens in vergelijking met de uitgestrektheid van de natuur, maar dat geldt niet op het spirituele vlak. Spiritueel gezien geven de oneindige vergezichten van de natuurlijke wereld ons het gevoel dat we één kunnen zijn met de oneindigheid.

3 Elke seconde is een deur naar onbegrensde mogelijkheden. Maar wanneer je niet voor die mogelijkheden openstaat, nemen ze in aantal af. Het is daarom belangrijk om kinderen te leren iets nieuws te ontdekken in

een welbekende situatie. Wat heb je nodig om nieuwe dingen te kunnen zien? Daar zijn inzicht en waarnemingsvermogen voor nodig; je moet vrij zijn van elk oordeel en de bereidheid hebben je open te stellen.

Om al deze zaken draait het bij succes, en dat alles leer je je kinderen wanneer je de volgende simpele vraag aan de orde stelt: 'Kun je dit nog op een andere manier bekijken?'

Dat kan altijd. Een vriend van mij werd bijvoorbeeld kortgeleden ergens te eten uitgenodigd. Hij kreeg al op de drempel te horen dat hij geen aandacht moest besteden aan Claudia, de jongste van het gezin, als ze niet zou eten. 'We hebben wat problemen met haar. Ze is zes en heeft zich gewoon koppig voorgenomen om niet te eten,' zeiden de ouders. Toen mijn vriend aan tafel ging, begon Claudia onmiddellijk met 'dat lust ik niet', 'wat is dat?' enzovoort, een ingesleten patroon waarop de ouders reageerden met een houding van 'daar valt niets aan te veranderen'. Met andere woorden: alle betrokkenen verwoordden gedachten die hen gevangen hielden binnen oude, weinig creatieve patronen.

Puur impulsief boog mijn vriend zich over naar Claudia en fluisterde: 'Dat eten op jouw bord ziet er zo lekker uit, dat wil ik.' Hij trok met zijn mes een lijn over het midden van haar bord. 'Goed. Alles aan deze kant van de lijn is van mij en daar blijf jij af, hoe dan ook.' Het kwam er allemaal heel speels en luchtig uit. Claudia zat met grote ogen te kijken. Ze had het eten altijd als een opgave gezien, een machtsstrijd met haar ouders, en nu maakte mijn vriend er een spelletje van. Hij keek een andere kant op en zei hardop: 'Claudia zal mijn eten toch niet opeten, hè? Dat soort dingen doet ze toch niet, hè?'

Natuurlijk zat er voor Claudia niets anders op dan alles wat er aan 'zijn kant' van haar bord lag zo snel mogelijk op te eten. De verleiding om het spel mee te spelen was gewoon té groot. Dit is een goed voorbeeld van hoe je, door de situatie in een ander kader te zetten, iedereen, inclusief de ouders, de kans geeft door oude barrières heen te breken.

Ongemerkt leggen wij allemaal onze waarneming van de wereld beperkingen op. We staan oog in oog met oneindige, grenzeloze mogelijkheden, maar die grijpen we niet aan – of we grijpen ze maar zelden aan – omdat onze conditionering vanuit het verleden ons altijd tot een oordeel dwingt. We denken:

> Daar houd ik niet van.
> Dat begrijp ik niet.
> Daar weet ik alles van.
> Dat is vervelend (of slecht of saai).
> Daar valt niets aan te doen.

Het is vandaag een goede dag om jezelf en je kinderen te betrappen als je hardop een van die uitspraken gebruikt. Het gebeurt voortdurend. Iets of iemand kruist ons pad en we hebben onmiddellijk ons oordeel klaar, waardoor elke stroom van nieuwe mogelijkheden hermetisch wordt afgesloten. Verander daarom, als je ook maar de minste aandrang tot oordelen voelt, je waarneming. Vraag je kinderen uit te kijken naar een nieuwe kwaliteit in zichzelf of in iemand anders; vraag hun of ze hun verbeeldingskracht tot het uiterste willen rekken. Nodig hen uit tot fantasie, experimenten en openheid.

Ook al zou dit het enige zijn wat je hun kon leren, dan nog had je méér bijgedragen aan het succes van je kinderen dan met welk ander middel ook: succes is namelijk synoniem met het grijpen van kansen die anderen lieten liggen.

Wanneer oudere kinderen eenmaal toe zijn aan wat abstractere concepten, is het bijzonder waardevol om hun te leren niet te oordelen. Niet oordelen wil zeggen dat je andere mensen en hun manier van doen niet het etiket 'goed' of 'fout' opplakt. Dit is de eerste stap naar een gerijpte houding van acceptatie, geweldloosheid en mededogen.

Oordelen hoort niet bij een spirituele benadering van het leven. We projecteren allemaal negativiteit op andere mensen, maar dat doen we omdat we onze emotionele reactie verwarren met de werkelijkheid. Wanneer mensen ons kwaad, bang of verdrietig maken, vinden we dat die negativiteit hun verantwoordelijkheid is. Spiritueel gezien houdt de wet van pure potentialiteit ons voor dat we niemand een etiket of een oordeel kunnen geven, omdat het leven uit alle mogelijkheden bestaat; alles zit in onszelf. Er is niets in onze aard wat gecreëerd of vernietigd kan worden door iemand 'daarbuiten'. Degene die jou kwaad of bang maakt, kan op een ander een tegengestelde uitwerking hebben. Dus is het de moeite waard om vandaag wat tijd te reserveren om iedereen te bezien in het licht van de liefde, geen oordeel te hebben en niemand goed of fout te noemen.

Het is niet makkelijk om aan jonge kinderen uit te leggen wat niet oordelen inhoudt. Zelfs een simpele uitspraak zoals: 'Je mag niet zeggen dat je broertje iets fout doet,' wordt verwarrend, omdat zoiets makkelijk als terechtwijzing geïnterpreteerd kan worden; elke keer dat je de woorden *niet* of *houd op* of *nee* gebruikt, geef je zelf een oordeel. Je kunt het veel beter positief benaderen: vraag een kind om één goede of lieve eigenschap van een ander kind te noemen. Dat wordt de opdracht voor de dag, die vervolgens bij het avondeten besproken wordt.

Eigenlijk zouden we geen van allen ooit te oud mogen worden voor die simpele truc. Oudere kinderen kun je echter vragen verantwoordelijkheid te gaan nemen voor hun gevoelens. Dat wil zeggen dat ze het verschil gaan zien tussen: 'Jij hebt iets gedaan waar ik boos om ben' en 'Ik voel me boos en daar wil ik zelf iets aan doen.'

Zet hen op dit gebied echter niet onder druk, want het kost een mensenleven te leren om op een volwassen wijze verantwoordelijkheid nemen voor onze gevoelens. Projectie is een krachtig gegeven. Maar als je hun leert wat acceptatie en tolerantie is en hun de overtuiging meegeeft dat iedereen zijn uiterste best doet en in dat licht bezien moet worden (dus niet in het licht van hoe wij verwachten dat ze zich zullen gedragen), doe je al heel veel om hun de eerste wet te leren.

BESPIEGELINGEN OVER DE WET VAN PURE POTENTIALITEIT

Alles komt voort uit God,
de oneindige bron…
God maakt deel uit van elk kind,
verbindt elk kind met de bron.

Aangezien God alles schept,
moet een kind worden aangemoedigd in de overtuiging
dat alles in zijn of haar leven mogelijk is.

Iedereen kan contact maken
met het zaad van God in zijn binnenste…
Elke dag biedt je de kans om die zaadjes water te geven
en te zien groeien.

Als kinderen zich klein en zwak voelen,
help hen dan zich te herinneren dat ze kinderen van het
universum zijn.

Maandag

is de dag van het geven

Vandaag houden we onze kinderen voor: 'Als je iets wilt krijgen, geef het dan.'

Op maandag spreken we als ouders met elkaar af dat we met onze kinderen het volgende zullen doen:

1 We nodigen hen uit ten minste één keer iets aan iemand anders in het gezin te geven.

2 We stimuleren hen om wat ze krijgen dankbaar in ontvangst te nemen.

3 We uiten gezamenlijk in een kort ritueel onze dankbaarheid voor de geschenken des levens.

Wat je hebben wilt, moet je eerst geven.

LAO TSE

Vandaag besteden we aandacht aan de manieren waarop we anderen iets kunnen geven. Omdat geven niet los staat van ontvangen, maken we de cirkel rond door ook aandacht te besteden aan ontvangen. Zo wordt geven gezien als voortdurende beweging, de circulatie van al het geschapene. Iets scheppen – wat dan ook – impliceert dat je een zaadje of inspiratie neemt en daar het leven aan geeft. Door dat geven groeit het zaadje, het werpt steeds meer vruchten af en de inspiratie krijgt vorm.

Spiritueel gezien hangt succes samen met gehoorzaamheid aan de wetten die de natuur regeren, en daarvan is geven de waardevolste. Vele spirituele leermeesters onderwezen dat 'geven het geheim van overvloed is', zoals de hedendaagse yogi Shivananda het stelt. Daar is niets raadselachtigs aan; het is altijd al waar geweest dat je eerst liefde moet geven om het te krijgen en God geeft altijd alles uit liefde. Wanneer we geven, blijkt ons inzicht in de waarheid dat bezieling alles geeft.

Het is niet altijd makkelijk om de drang tot nemen en hamsteren te weerstaan. Die neigingen ontstaan doordat men niet op de hoogte is van de spirituele wetten. Kinderen zijn dol op geven en als ze beginnen met niet geven is dat een afspiegeling van de houding die ze bij ons zien. Zelfs een volwassene die voortdurend zegt: 'Je moet leren delen. Wees lief en geef iets aan je broertje. Wees een brave meid, dan krijg je iets leuks,' kan op een dieper niveau haar eigen knagende angst voor gebrek en schaarste overbrengen en geeft blijk van de ego-behoefte aan bezit en aan vasthouden. Dat soort diepgewortelde overtuigingen ondermijnt de sfeer van vrijgevigheid. Een dag die gewijd is aan geven, is veel belangrijker dan wat je in materieel opzicht kunt geven.

Maandag met de kinderen

Maandag is, behalve voor heel jonge kinderen, een schooldag, dus daarom bespreken we de wet van het geven bij het ontbijt en bij het avondmaal. Bij het ontbijt maken we afspraken voor die dag en bij het avondmaal vertellen we hoe ver we gekomen zijn en wat we geleerd hebben. Dat gaat ook op voor alle andere wetten die op weekdagen vallen. (Onthoud echter dat de paar minuten stilte die op zondag in acht worden genomen iedere dag herhaald moeten worden, tijdens de periodes 's ochtends en 's middags waarin je je eigen meditatie doet.)

Tot de drie activiteiten van maandag behoren: iets geven aan iemand anders in het gezin, in dank aannemen wat je krijgt en een kort ritueel van dankbaarheid.

1 Maak er een gewoonte van om ieder gezinslid iets aan een ander te laten geven. Het mogen geen geschenken zijn waar uitgebreid over nagedacht en aan gewerkt is. Het wordt iets heel gewoons en simpels als je bedenkt dat je iemand een glimlach of een schouderklopje kunt geven of bij een karweitje kunt helpen. Dat soort dingen is waarschijnlijk ook blijvend, want dit simpele geven bevordert binnen een gezin het verlangen tot dienstbaarheid. Succes geeft voldoening wanneer er een duidelijk aspect van dienstbaarheid in zit.

Sommige gezinnen merken dat er grote problemen kunnen ontstaan rond het onderwerp geven, delen en dienstbaar zijn. Kinderen willen van nature geven. Het is heel jammer dat men zo onnadenkend steeds de uitspraak 'kinderen zijn geboren egoïsten' herhaalt. Egoïsme ontstaat doordat een klein kind nog niet begrijpt hoe de dingen eigenlijk werken. Voor een klein kind betekent het loslaten van een stukje speelgoed dat hij of zij het voorgoed kwijt is; een graai naar iets lekkers is een natuurlijke reactie, omdat een klein kind nog niet beseft dat er meer dan één lekkernij is, of dat je die ene lekkernij ook kunt delen.

Door mijn eigen kinderen te observeren toen ze klein waren, ontdekte ik dat hun gezichtjes oplichtten wanneer ze de kans kregen om te geven, en dat was niet omdat ze daar iets voor terugkregen. Pas wanneer ons denken het stempel draagt van angst, gebrek, verlatenheid en hebzucht, gaan we betwijfelen of we iets terugkrijgen van het universum. Zonder het stempel van deze negatieve gevoelens is het duidelijk dat het leven een oneindige stroom van soms materiële, soms niet-materiële zaken is. Hoeveel heeft iemand ooit moeten betalen voor de lucht, de regen en het zonlicht die ons in leven houden?

Mensen die niet meer weten hoe ze kunnen geven, zijn teruggevallen tot een primitieve bewustzijnstoestand: ze geloven dat ze iets voor altijd kwijt zijn als ze het loslaten. Ze vergeten dat we alles alleen maar krijgen omdat het universum wil dat we er zelf de innerlijke betekenis van ervaren. Bij alles wat je krijgt gaat het om een spirituele les. Bezittingen zijn op zichzelf geen vervanging voor de voldoening, de tevredenheid en de innnerlijke vervulling die ermee gepaard zouden moeten gaan.

Je zou je met je kinderen moeten concentreren op de vraag hoe het *voelt* om te geven. Om er zeker van te zijn dat het een aangenaam gevoel is, kun je geven aanvankelijk behandelen als delen. Zelfs een drie- of vierjarige kan voelen hoe fijn het is om een vriendinnetje een snoepje te geven als je er zelf twee hebt. Oudere kinderen kun je leren minder tastbare dingen te geven, zoals een glimlach, een vriendelijk woord, of hulp aan iemand die dat nodig heeft. Stel dit als doel voor die dag en bespreek bij het avondmaal hoe het gegaan is.

Bij kinderen van twaalf jaar en ouder wordt de nadruk weer anders gelegd. Ze zijn oud genoeg om ook te leren geven als dat niet zo makkelijk is, als ze in de verleiding komen om iets zelf te houden of egocentrisch te zijn. Op deze leeftijd kun je al bespreken hoezeer iets voor jezelf houden pijn veroorzaakt in je hart en maakt dat anderen je als egocentrisch gaan zien. Het is voor oudere kinderen heel goed om te leren dat je de winnaar van een wedstrijd die je zojuist hebt verloren een compliment kunt geven, dat je buitenstaanders met genegenheid kunt behandelen en in je clubje op kunt nemen, en dat je iemand tactisch en zonder ophef hulp kunt bieden.

2 Iets in dank aannemen is een kunst; je kunt het niet veinzen. Als het gezegender is om te geven dan te ontvangen, dan is het veel moeilijker om te ontvangen dan om te geven. Als we iets met tegenzin aannemen, is dat uit trots omdat we vinden dat we van niemand een helpende hand of liefdadigheid nodig hebben, of omdat we ons er slecht bij op ons gemak voelen. Dat zijn allemaal reacties vanuit het ego, reacties die niet meer nodig zijn als je eenmaal beseft dat de gever nooit de gever is, net zoals de ontvanger nooit de ontvanger is. Ze zijn allebei plaatsvervangers voor bezieling.

Elke ademhaling is een geschenk en vanuit dat besef zien we ook dat iets ontvangen van een ander mens een symbool is voor iets ontvangen van God. Elk geschenk is een liefdevol gebaar dat de plaats inneemt van goddelijke liefde en als zodanig ontvangen dient te worden. Met jongere kinderen is dat geen probleem: ze krijgen dolgraag iets en beginnen al gauw te stralen van dankbaarheid.

Op latere leeftijd wordt de kwestie ietwat overschaduwd door de opkomst van de behoeften van het ego. We hebben allemaal wel meegemaakt dat een kind met tegenzin dankjewel mompelde omdat dat van vader of moeder moest, terwijl er geen sprake was van dankbaarheid. Die houding verandert alleen als je ervoor zorgt dat je kinderen aandacht blijven geven aan hoe het voelt om te ontvangen. Als je daar vanaf jonge leeftijd aandacht aan besteedt, zullen de natuurlijke warmte en het geluksgevoel van het ontvangen niet vervagen. Ieder mens moet zich, op elke leeftijd, eerst dankbaar voelen om zich dankbaar te kunnen tonen. Je ondersteunt dat soort gevoelens door kinderen te leren dat alles afkomstig is uit de universele bron. Bij alles wat we ontvangen krijgen we een glimp te zien van de goddelijke liefde, ongeacht de vraag door wiens toedoen die liefde zich op dat moment manifesteert.

3 Een ritueel van dankbaarheid waar het hele gezin aan deelneemt, is een mooie manier om te erkennen dat het leven een geschenk is. Je zou bij het avondmaal elkaars handen kunnen vasthouden en je dank kunnen uitspreken, niet alleen voor het eten dat op tafel staat, maar ook voor alles wat je die dag gegeven werd. Laat ieder gezinslid één ding opnoemen, bijvoorbeeld: 'Ik ben dankbaar voor de vlinder die ik op weg van school naar huis gezien heb', 'Ik wil bedanken voor het feit dat we allemaal gezond en gelukkig zijn', 'Ik ben dankbaar omdat ik op school een rol in het toneelstuk heb gekregen' enzovoort.

In veel gezinnen is de rituele dankzegging bij het eten verflauwd en de Amerikaanse hoogtijdag Thanksgiving is verworden tot een inhoudsloos gebeuren. Wie het tij wil keren moet zich daar bewust voor inspannen, met de nadruk op *bewust*. Wie wil onthouden dat het leven een geschenk is, moet zich daar bewust van zijn, hoezeer je ook overspoeld kunt worden door andere gedachten en belangen. De vreugde en het enthousiasme die je voor de ziel kunt voelen, komen weer bij jou terug.

BESPIEGELINGEN OVER DE WET VAN HET GEVEN

Al het goede is in beweging. Het zit niet graag op één plaats vast.

In de kringloop van de natuur roept geven ontvangen en ontvangen geven op.

Iedereen heeft Gods grootste geschenk al ontvangen: het vermogen te groeien.

Wie geeft, toont zijn waardering voor de bron van al wat bestaat.

Alleen wat we weggeven houden we.

Dinsdag

is de dag van het 'karma'

Vandaag houden we onze kinderen voor: 'Met elke keuze die je maakt, verander je de toekomst.'

Op dinsdag spreken we als ouders met elkaar af dat we met onze kinderen het volgende zullen doen:

1. We praten over een keuze die ze vandaag gemaakt hebben.
2. We laten hun zien hoe onze toekomst veranderde door een keuze die we in het verleden hebben gemaakt.
3. We leggen het verschil tussen goed en kwaad uit aan de hand van de gevoelens die keuzes oproepen.

Het is zeker dat er zegeningen voortkomen uit je goede daden.

BOEDDHA

Ik heb het woord 'karma' tussen aanhalingstekens gezet, omdat het een gespecialiseerde term is, maar elk geval van oorzaak en gevolg valt onder deze noemer. Elke dag steken er in een kinderleven vragen de kop op zoals: 'Waarom zou ik dit kiezen in plaats van dat?' of 'Wat zou er gebeuren als ik een probleem zus benader in plaats van zo?' Kinderen moeten weten dat elke keuze die ze maken leidt tot gevolgen die ofwel goed ofwel slecht voor hen zijn, met andere woorden: elke keuze verandert de toekomst.

Meestal wordt karma, in ongenuanceerde bewoordingen, geïnterpreteerd als beloond worden voor goede daden en straf krijgen voor slechte daden. Ouders zetten dit om in een systeem van beloning en straf zonder iets over te brengen van een werkelijk cruciaal gegeven, namelijk dat de natuur dat soort zaken zelf regelt. Er bestaat een populaire uitspraak die cynisch stelt: 'Het leven is niet eerlijk,' maar karmisch gesproken is juist het tegenovergestelde waar. Het leven is volkomen eerlijk. De werking van het leven kan echter heel diep en verborgen zijn en een oorzaak kan op vele verschillende niveaus gevolgen hebben. Het is niet aan ons om een oordeel te hebben over het gevolg dat een actie verdient, maar het is wel aan ons om nauwkeurig te observeren hoe oorzaak en gevolg in het universum werkzaam zijn en daar vervolgens in ons gedrag een voorbeeld aan te nemen.

Het lijkt of de zeven spirituele wetten hier in conflict komen met de algemeen aanvaarde opinie, want de wet van het karma luidt dat er geen oneerlijkheid, geen ongeluk, geen slachtofferschap bestaat: alles is geordend volgens een kosmisch systeem van oorzaak en gevolg waaraan niet te ontsnappen valt. Karma heeft niets te maken met fatalisme; de wet van het karma gebiedt niet dat de mens moet lijden. Karma betekent echter wel dat de vrije wil een absoluut gegeven is. Er bestaat geen goddelijke macht die ons afhoudt van verkeerde keuzes en er is ook geen ontsnappingsclausule die de universele regel 'Wat je zaait zul je oogsten' teniet kan doen.

Karma vraagt dus oplettendheid en bewustzijn op diverse terreinen: observeren hoe je tot een keuze komt, de afloop ervan evalueren en luisteren naar je hart, de plek waar subtiele emotionele signalen aangeven of een actie juist of verkeerd is. Deze drie methoden kunnen allemaal op kinderen worden overgebracht wanneer we ze willen leren kiezen. Keuzes maken is met al zijn complexiteit van doorslaggevend belang voor succes in het leven, want succes is slechts een term voor het resultaat dat we met onze acties wensen te bereiken.

Dinsdag met de kinderen

De drie activiteiten voor dinsdag draaien allemaal rond het bespreken van keuzes: hoe maak je een keuze, waarom veranderen ze ons leven en welke gevolgen kun je verwachten wanneer je de ene keuze de voorkeur geeft boven de andere?

1 Praat met elk kind over een keuze die hij of zij vandaag gemaakt heeft. Uiteraard zijn de mogelijkheden hierbij onbegrensd, want elke seconde zijn er keuzemomenten; moedig hen simpelweg aan alles wat hun te binnen schiet te noemen. Wat de keuze ook geweest is – een nieuwe vriendschap sluiten, ergens geld aan uitgeven, besluiten om niet met A of B te spelen – ga onderzoeken wat er gebeurt als er een keuze gemaakt is. Zonder ijzeren regels vast te stellen (die zouden het spontane karakter van de discussie om zeep helpen) kun je je kinderen iets uitleggen over de verfijnde mechanismen van oorzaak en gevolg, zaaien en oogsten.

Wanneer er een keuze ter sprake komt, onderzoek die dan voorzichtig door vragen te stellen zoals: 'Wat vond je daarvan?', 'Hoe voelde dat?', 'Wat zal er nu gebeuren, denk je?', 'Wat ga je doen als in plaats daarvan dit of dat gebeurt?'. Keuzes maken en besluiten nemen is iets heel persoonlijks, en hoezeer je ook popelt om te proberen invloed uit te oefenen op de keuzes die je kinderen maken op het gebied van vriendjes, bezigheden, hobby's, vakkenpakket enzovoort, je gebruikt je invloed het beste door van je kinderen gevoelige, doordachte, bewuste beslissers te maken.

Bij jonge kinderen zijn keuzes vaak onbeholpen en lukraak. Zodra ze leren praten zeggen peuters automatisch: 'Dat doe ik zelf', 'Ik wil dit of dat', en dat soort dingen. Ze oefenen daarmee hun wilskracht uit en de wil is de drijvende kracht bij de keuze. Pas later gaat het kind inzien dat keuzes consequenties hebben. Het ego vindt het niet fijn om zijn zin niet te krijgen en het zou de absolute heerser over ons leven zijn als daden die niet goed voor ons zijn niet tot negatieve gevolgen zouden leiden. Daarom leert karma ons steeds om onderscheid te maken tussen wat we willen en wat we weten dat goed voor ons is.

Dit thema komt in ieder kinderleven als vanzelfsprekend aan de orde. Elk kind wil meer dan het krijgt en op ons rust de taak om onze kinderen te laten zien dat keuzes maken geen eindeloze reeks dwingende eisen is. Het universum honoreert de keuze naar de diepte waarop ze gemaakt wordt. Kiezen voor liefde en waarheid gaat bijvoorbeeld heel diep en levert een grote beloning op. Kiezen voor zelfzuchtigheid is oppervlakkig en levert maar een geringe beloning op.

Volgens mij helpt het niet veel om een traditionele uitspraak als 'Elke goede daad is op zich al een beloning' te gebruiken. Dat impliceert een onoplettend of blind universum. Alle spirituele meesters hebben benadrukt dat God of de ziel deugdzaamheid beloont; niets blijft onbeloond, in die zin dat niets zich in een vacuüm afspeelt. Karma is een computersysteem waar alles wat je erin stopt weer uitkomt, maar dan met een zeker mate van genade eraan toegevoegd. Wanneer we op alle niveaus een alwetende blik zouden hebben, zoals God, zouden we elke zogenaamde negatieve afloop vast en zeker accepteren, omdat we dan zouden zien *dat er geen enkel beter resultaat uit kon komen.*

Het gegeven dat elke daad leidt tot het best mogelijke resultaat is een wetmatigheid die bekendstaat als genade. *Genade* is Gods liefdevolle structurering van tijd en ruimte. Door genade beschikken wij over de vrije wil om alles te doen wat we willen en komen de gevolgen van onze daden, of die nu aangenaam zijn of onaangenaam, altijd op het juiste moment bij ons terug, opdat we van onze keuzes kunnen leren. Met andere woorden: uit alles wat ons overkomt blijkt dat er liefdevol over ons welzijn gewaakt wordt.

Daarom moeten kinderen ook leren dat genoegen en pijn niet de beste richtlijnen zijn bij de vraag of iets goed of slecht voor hen is. Door de werking van oorzaak en gevolg te observeren, leert een kind stap voor stap zien dat het leven een leerproces is dat vele niveaus kent. Een daad kan heel vaak louter worden beoordeeld op de vraag of hij genoegen of pijn oplevert, maar er komen ook dikwijls andere factoren bij kijken.

2 Als kinderen groter worden is het heel nuttig om hun te vertellen over keuzes die jouw leven beïnvloed hebben. Kinderen weten instinctief dat het leven een queeste, een zoektocht is; ze moeten wellicht nog leren dat de toekomst afhankelijk is van de keuzes die ze maken, maar op emotioneel niveau voelen ze aan dat volwasse-

nen een heleboel belangrijke keuzes gemaakt hebben. Verwoord je keuzes niet als zaken waar je spijt van hebt. Een opmerking zoals: 'Ik heb dat verkeerd gedaan, dus zal ik ervoor zorgen dat jij nooit hetzelfde doet,' kan heel goedbedoeld zijn, maar je kroost zal toch alles uitproberen; dat is onvermijdelijk. Bovendien wenst een ouder zijn kind altijd méér keuzemogelijkheden toe, niet minder, en het kan overdonderend zijn als je meer keuzemogelijkheden hebt zonder dat je kunt kiezen.

3 Bespreek met je kinderen hoe de ene keuze voelt ten opzichte van de andere. Het eerste besluit over de vraag of resultaten belangrijker zijn dan gevoelens valt in onze jeugd. De gesprekken krijgen daarom een vertrouwde vorm: 'Je hebt die zwakkeling niet in je team gekozen en daardoor de wedstrijd gewonnen, maar hoe voelde je je toen je naar hem keek? Hoe voelde hij zich?' Of: 'Je vrienden vroegen of je mee ging spijbelen en nu ben je bang dat ze je een slijmbal vinden? Maar hoe zou het voelen om te weten dat je niet bent waar je hoort te zijn?' Of: 'Toen ik je vroeg je kamer op te ruimen heb je het niet gedaan. Voelde je daar nog iets bepaalds bij?'

Wie goed keuzes wil maken, weet dat er meestal geen rationele reden is waarom je het ene wel doet en het andere niet, maar dat het gevoel dat je bij beide keuzemogelijkheden hebt de doorslaggevende factor is. Dat komt doordat, spiritueel gesproken, de intuïtie een subtieler vermogen is dan de rede. Het evalueren van oorzaak en gevolg is eerder iets emotioneels dan iets verstandelijks: ons hart laat ons weten of iets goed of verkeerd is, dan wel ergens in een grijze twijfelzone ligt.

Je kunt je kinderen al op heel jonge leeftijd leren voelen of iets goed of verkeerd is. Later kun je het feit dat ze een geweten hebben onder hun aandacht brengen en uiteindelijk, na het twaalfde jaar of zo, kun je de wat abstractere aspecten van de nauwe relatie tussen oorzaak en gevolg ter sprake brengen. Ik bedoel daarmee niet: 'Je zult ervan lusten als je iets fout doet,' want dat impliceert dat we allemaal onder een goddelijke dreiging leven. Er bestaat geen goddelijke dreiging. De enige reden waarom de negatieve gevolgen ogenschijnlijk uit het niets opduiken, is dat we geen contact hebben met de diepere niveaus van de natuur. We overtreden de spirituele wet uit onwetendheid.

We leven in een resultaatgerichte maatschappij, waarin mensen vaak geprezen en geroemd worden om successen die ze bereiken met middelen die zowel hunzelf als anderen schade berokkenen. Daarom wordt de essentiële waarde van karma vaak over het hoofd gezien. Sinds kort is echter het begrip 'emotionele intelligentie' in de mode geraakt en het wordt sterk in verband gebracht met succes. Emotionele intelligentie draait om empathie: je weet welke invloed je daden op iemand anders zullen hebben, je voelt van tevoren al wat de ander zal voelen. Keuzes die gemaakt worden op grond van het verlangen het welzijn van anderen te bevorderen, zijn waarschijnlijk succesrijker dan keuzes die men alleen uit eigenbelang maakt. Dat is in een materialistische samenleving wellicht een verrassende ontdekking, maar volgens de wet van karma is het volkomen voorspelbaar. Zowel voor de emotionele intelligentie als voor een goed karma is het van het allergrootste belang om je kind de vraag voor te houden: 'Wat vind je van die keuze, hoe voelt het?' en 'Welk gevoel gaf het anderen?'

Een belangrijk aspect van emotionele intelligentie is dat men leert omgaan met uitstel van de onmiddellijke bevrediging van behoeften. Kinderen die geduldig leren zijn, die de resultaten kunnen afwachten in plaats van onmiddellijk naar een beloning te grijpen, zijn veel succesvoller dan kinderen bij wie onmiddellijk aan elke gril voldaan moet worden. Dat geldt vooral in relaties, omdat empathie begint met het vermogen verder te kijken dan je eerste reacties, en zonder empathie voor de gevoelens van een ander zijn blijvende relaties onmogelijk.

Spiritueel gezien is emotionele intelligentie verbonden met het uiterst belangrijke verschijnsel van de grenzen van het ego. Voor iemand die zichzelf ervaart als een mens die geïsoleerd is in tijd en ruimte, iemand die losstaat van andere mensen, is er geen reden om andere richtlijnen te volgen dan zijn of haar eigen impulsen. Maar wanneer je inziet dat je ego niet je echte ik is, dat je ik zich onbegrensd uitstrekt door heel de natuur, kun je het je veroorloven om altruïstisch, onzelfzuchtig en empathisch op te treden, omdat je op het diepste niveau beseft dat 'jij' en 'ik' één zijn. Daarom beperken daden zich niet tot wat 'ik' wil en houden gevolgen niet op bij wat 'mij' overkomt. Het leven is een allesomvattende stroom die iedereen binnen een breder, goddelijk doel omvat. Het is goud waard om kinderen te leren deze stroom te observeren, ze te leren zien dat hun leven een plaats heeft in het universum zoals een enkele cel een plaats heeft in het lichaam. De lessen van de emotionele intelligentie kunnen veel verder gaan dan de emoties en uitgebreid worden tot de sfeer van alle acties en reacties.

Praktisch gesproken observeren we vandaag onze onmiddellijke reacties en vragen ons vervolgens af: 'Steekt er nog iets anders achter deze situatie?' Je kunt de gedachte opperen dat elke situatie aspecten bevat die verder gaan dan wat men zien kan. Hoe bekijken andere mensen de situatie? Je kind heeft bijvoorbeeld een wedstrijd gewonnen, maar hoe voelde de verliezer zich? Hoe voelt je kind zich als het door iemand wordt gekwetst? Laat zien dat je met iemand mee kunt leven door in zijn schoenen te gaan staan. Met dat soort milde aanwijzingen leer je kinderen observeren hoe de wereld in elkaar steekt en kun je karma heel tastbaar en concreet maken.

BESPIEGELINGEN OVER DE WET VAN HET KARMA

Er blijft in het universum geen schuld onbetaald.

Treur niet om verliezen: je kunt alleen verliezen wat onecht is en als dat weg is, blijft het echte over.

Wie zichzelf liefde en geluk wil bezorgen, doet wat hij kan om dat anderen te bezorgen.

Wanneer je niet onmiddellijk de gevolgen van een goede of verkeerde daad ziet, wees dan geduldig en kijk goed.

Woensdag

is de dag van de minste weerstand

Vandaag houden we onze kinderen voor: 'Zeg niet nee, ga met de stroom mee.'

Op woensdag spreken we als ouders met elkaar af dat we het volgende met onze kinderen zullen doen:

1 We gaan de speelse kant van ten minste één taak opzoeken.

2 We proberen iets belangrijks tot stand te brengen met minder moeite.

3 We kijken uit naar manieren waarop de kosmos ons te hulp kwam.

Werk samen met je bestemming, ga er niet tegenin, lig niet dwars. Geef je bestemming de kans zichzelf te vervullen.

NISARGADATTA MAHARAJ

De simpele zinsnede 'Ga met de stroom mee,' is spiritueel eigenlijk heel veelzeggend. De oude Griekse wijsgeer Heraclites stelde dat het leven een rivier is: je kunt er niet twee keer op dezelfde plek in stappen. Het bestaan is altijd nieuw, maar wij zijn geneigd steeds met oude reacties te komen. Wanneer we ergens weerstand tegen voelen – en in feite betekent dit dat we er nee tegen zeggen – proberen we meestal de nieuwe situatie een oude overtuiging of gewoonte op te dringen.

De wet van de minste weerstand nodigt ons uit de nieuwheid van het leven te erkennen door toe te staan dat het zich ontwikkelt zonder dat wij tussenbeide komen. Wees in het hier en nu, zoek steun en hulp in de natuur en houd ermee op iets of iemand buiten jou de schuld te geven, houdt deze wet ons voor. Binnen de stroom is de ziel de miljoenen en miljoenen details al aan het organiseren die het leven schragen: van de eindeloze processen die nodig zijn om één enkele cel in leven te houden tot de enorme gecompliceerdheid van het evoluerend universum. Wie zich met de ziel verbindt, gaat mee op de golf van deze kosmische organiserende kracht en doet er zijn voordeel mee.

De wet van de minste weerstand is voor veel volwassenen echter een moeilijk te vatten concept. Onze technologie is er voortdurend op uit ons werk te besparen door middel van efficiëntere machines, maar het is niet makkelijk om dit te vertalen naar het menselijke vlak. Het grootste obstakel daarbij is onze arbeidsmoraal, want die stelt dat de beloning groter wordt naarmate de arbeid zwaarder is. Daar zitten twee zwakke punten aan. Ten eerste: de natuur zelf werkt volgens de wet van de minste weerstand: volgens de natuurkundige wetten verlopen alle processen, vanaf de omwentelingen van een elektron tot die van een sterrenstelsel, met een zo efficiënt mogelijk energieverbruik, dus met zo min mogelijk weerstand en vertraging. Ten tweede: de menselijke vooruitgang ontstaat altijd door ideeën, inspiratie en verlangens. Die treden spontaan op; je kunt nog zo je best doen, maar inspiratie of verlangen of een constante stroom goede ideeën laat zich niet afdwingen.

Het mag dan voor ons moeilijk zijn om met de stroom mee te gaan, voor kinderen is het iets heel natuurlijks en gewoons. Vóór het zesde jaar hoef je ze daar nauwelijks iets over uit te leggen, aangezien jonge kinderen onmiddellijk de weg van de minste weerstand volgen: ze pakken wat ze hebben willen, ze zeggen wat ze te zeggen hebben en uiten hun gevoelens zodra die in hen opkomen. Hun belangrijkste activiteit daarbij is niet werken maar spelen. Oudere kinderen kunnen we kennis laten maken met onderling verbonden ideeën zoals geen weerstand bieden, geen verdedigingen opwerpen en verantwoordelijkheid nemen voor de door jou gekozen werkwijze. Daarbij is het begrip *acceptatie* essentieel, omdat er een heleboel energie verspild wordt als je je ergens tegen verzet. Je niet verdedigen of verweren hangt met acceptatie samen, want het feit dat je je standpunt moet verdedigen schept conflicten en chaos en dat zijn allebei enorme energieverspillers.

Slechts weinigen onder ons kunnen de verleiding weerstaan om te proberen de zaken naar hun hand te zetten, maar de wet van de minste weerstand houdt ons voor dat we onze zin kunnen krijgen via andere middelen dan strijd en conflict. We kunnen de stroom van bezieling volgen in het besef dat het oneindige organiserende vermogen van de ziel zorg draagt voor onze noden en verlangens. Zo brengt de wet van de minste weerstand vertrouwen en geduld met zich mee. We hebben allemaal geleerd dat de weg naar succes geplaveid is met strijd en conflict. In werkelijkheid is het veel belangrijker dat je vertrouwen stelt in je eigen verlangens. Wanneer je aanneemt dat andere mensen er zijn om jou af te houden van wat jij wilt, heb je geen andere keuze dan je constant te verdedigen. Je leert een kind iets heel waardevols als je hem of haar voorhoudt dat er een kracht bestaat die wensen vervult, en dat die kracht de kracht van andere mensen verre te boven gaat.

Het derde element van de wet van de minste weerstand is verantwoordelijkheid. Kinderen moeten ook leren dat succes en vervulling van binnenuit komen en dat alleen je binnenste van belang is. Ieder van ons is verantwoordelijk voor zijn eigen gevoelens, wensen en verlangens en we moeten zelf beslissen hoe we de moeilijkheden waar het leven ons voor stelt zullen benaderen. Je grootste verantwoordelijkheid ligt niet in het verzetten van een heleboel werk, maar in het vervullen van het werk van de ziel in een sfeer van vreugde en creativiteit. Alleen zó behoort een leven zonder strijd tot de mogelijkheden.

Woensdag met de kinderen

De drie activiteiten voor woensdag zijn: uitzoeken hoe je van een taak iets leuks en speels kunt maken, ervoor zorgen dat je je werk met minder moeite doet en kijken op welke manieren de natuur – de kosmos – ons te hulp komt.

1 In de oude Vedische geschriften van India staat dat de hele kosmos een *lila* is, oftewel een spel van de goden. Dat wil zeggen dat we met een recreatief universum te maken hebben. Door vandaag van elke taak het speelse element te zoeken leer je je kinderen hoe ze werk op een goddelijke wijze kunnen benaderen. In de meeste gevallen kun je als ouders een taak tot een spelletje maken door er de druk af te halen die het spelen in de weg staat. Daaronder vallen waarschuwingen, dreigementen, tijdsdruk, op het schuldgevoel werken en het aanbieden van geld of andere beloningen voor werk dat ze doen.

Ondanks de arbeidsmoraal die je is ingegrift, bestaan er bepaalde spirituele waarheden met betrekking tot werk:

> De ziel maakt je geen verwijten voor werk dat is blijven liggen.
> Je leven hangt niet af van de vraag of iets al of niet gedaan wordt.
> Werk is geen bron van geluk.
> Je houding ten opzichte van het werk, niet de taak op zich, is het belangrijkst.

Daarom is een taak die blijft liggen totdat je hem ontspannen en op je gemak kunt uitvoeren, welgedaan. Perfectionisme is juist het tegenovergestelde van deze houding. Perfectionisme is geworteld in angst en behoefte aan controle. Het is een vermomming van de verborgen gedachte: 'Als ik dit niet precies doe zoals God het wil, overleef ik het niet,' hetgeen impliceert dat God een beschuldigende, liefdeloze opdrachtgever en opzichter zou zijn.

In werkelijkheid wil God dat je van dit recreatieve universum geniet, en hoe eerder je je kinderen leert dat dat oké is, des te meer kans je ze geeft om succesvol te worden. Succesvolle mensen genieten per definitie van wat ze doen. Zij hebben ontdekt wat voor hen de enige manier is om in de 'zone' of in de 'stroom' te zijn, namelijk zich ontspannen. Ontspanning is een voorwaarde voor de innerlijke verruiming die iemand in staat stelt uitdrukking te geven aan de bron van inspiratie en vreugde in zijn binnenste.

Geef, nu je dit beseft, je kinderen het goede voorbeeld door van elke taak – het kleed stofzuigen, hun kamer opruimen, het gras maaien – een spelletje of iets stimulerends te maken. Je kunt een liedje oefenen terwijl je de vuilnisbak buitenzet of een gedicht verzinnen tijdens de afwas.

Spelletjes vragen wat meer vindingrijkheid: 'Vandaag gaan we niet zomaar stofzuigen, we gaan op spokenjacht! Wist jij dat spoken op de vlucht slaan voor stofzuigers? Ze kunnen er absoluut niet tegen.' Met deze introductie kun je een van je kinderen spook laten spelen. Als het 'spook' zich verstopt heeft, gaat een ander kind met de stofzuiger de desbetreffende kamer in om te proberen het spook weg te jagen door onder het bed te stofzuigen, in de kast, achter de bank, enzovoort. Als het spook gevonden is worden de rollen omgekeerd en neemt het spook in de volgende kamer de stofzuiger ter hand. (Als je maar één kind hebt, knip dan papieren spoken uit en verstop die, of verstop er vijf en loof een prijsje uit als er meer dan vier gevonden worden.)

Spelletjes verzinnen is een goede manier om een andere wending te geven aan onze eigen neiging, namelijk de neiging te vergeten dat je het leven kunt benaderen als een spel, een afspiegeling van het goddelijke spel van de kosmos. Volwassen worden kan een verdovend, zelfs geestdodend proces zijn. We kunnen die neiging overwinnen door de speelse kanten van onze eigen activiteiten te ontdekken, door vreugde te gaan zien als de kern van ons werk. Laat je kinderen zien dat je er zelf vreugde aan beleeft en leg het werk neer zodra een taak niet leuk meer is of zodra het spel gaat vervelen. Een taak die goed volbracht wordt kan geen kwaad, maar een taak die als vermoeiend, zwaar en belastend gezien wordt, is de moeite van het volbrengen niet waard. Het resultaat van je werk wordt dan overschaduwd door de negativiteit die ermee gepaard gaat.

2 Neem een paar minuten de tijd om je met het hele gezin te concentreren op manieren om moeite, inspanning, slijtage te beperken. Bespreek bij het avondmaal de keren dat er oplossingen kwamen die een stuk makkelijker waren dan je gedacht had. De enige bedoeling hierbij is het ontzenuwen van de gedachte dat het leven problematisch en zwaar is, een gedachte die ons van alle kanten bespringt. Spiritueel gesproken is het leven niet problematisch; dat geldt alleen voor je opstelling ten opzichte van het leven. Je kinderen zullen per dag van tientallen mensen te horen krijgen dat dingen moeilijk, zwaar, problematisch en zelfs overweldigend zijn, dat je moet knokken. (Wie denkt dat dit bij kinderen op de basisschool niet gebeurt, moet maar eens opletten bij interviews met kinderen uit groep drie en vier, die al klagen over prestatiedruk. Het is een druk die hun kans op geluk sterk vermindert en hen al op onvoorstelbaar jonge leeftijd dwingt om met stress om te gaan.)

Soms is voor het verminderen van de werkdruk een mechanische oplossing geboden, bijvoorbeeld het gebruik van een krachtiger computer bij de oplossing van een technisch probleem, maar vaker is er behoefte aan een andere opstelling. Niets werkt efficiënter dan bezieling. Wanneer je geestdrift en bezieling kunt oproepen, heb je meer kans op succes dan onder welke andere omstandigheid dan ook. Geestdrift is vol zijn van creativiteit, daarom is het woord *ingenieus* via het Latijnse *genius* (geest) ook verwant met *begeesterd*.

In de praktijk roep je geestdrift of bezieling op door het volgende:

- Zorg dat je in een goede stemming bent voor het werk.
- Treed taken ontspannen en met vertrouwen tegemoet.
- Verg op fysiek terrein geen al te grote of buitengewone inspanningen van jezelf (zoals laat opblijven, overwerk, pauzes overslaan, niet voldoende eten en drinken).
- Mediteer regelmatig.
- Vraag om inspiratie; wees geduldig tot die komt.
- Verzet je niet tegen veranderingen in de situatie.
- Laat jouw idee van hoe het moet los.
- Neem niet van tevoren aan dat jij de oplossing al weet.

Herhaal deze punten bij het avondmaal; daarmee versterk je de gewoonten die je bij je kinderen wilt ontwikkelen.

3 Wanneer bezieling of de natuur bij een taak te hulp komt, gebeurt dat vaak heel stil en onopgemerkt. Het is

daarom goed om kinderen daar zo jong mogelijk attent op te maken. 'Heb je vandaag nog nieuwe ideeën gehad?'; 'Was je verbaasd toen iets wat je zo moeilijk leek zo makkelijk bleek te gaan?' Je kunt met dit soort vragen beginnen en daarna met je eigen voorbeelden komen. De nadruk moet liggen op creatieve oplossingen, hoe triviaal ze ook lijken, die je een geïnspireerd gevoel gaven. Door een dergelijke opstelling al zo jong mogelijk aan te moedigen, open je wegen naar inspiratie in de komende jaren.

BESPIEGELINGEN OVER DE WET VAN DE MINSTE WEERSTAND

Doe je uiterste best je leven te organiseren, maar onthoud dat de natuur de ultieme organisator is.

Probeer de rivier niet te sturen.

De natuur is het productiefst en creatiefst wanneer ze niet werkt... maar speelt.

Ons beste werk komt moeiteloos uit ons voort.

Verzet tegen het leven leidt uiteindelijk nooit tot succes.

Stel je open voor het geschenk van bezieling.

Donderdag

is de dag van intentie en wens

Vandaag houden we onze kinderen voor: 'Elke keer dat je iets wenst of verlangt, plant je een zaadje.'

Op donderdag spreken we als ouders met elkaar af dat we het volgende met onze kinderen zullen doen:

1. We maken een duidelijke lijst van onze verlangens voor die week.

2. We laten het aan de natuur over die verlangens te vervullen.

3. We zijn alert in het hier en nu, waar alle vervulling plaatsvindt.

Kijk goed uit waar je je zinnen op zet, want je krijgt het vast en zeker.

RALPH WALDO EMERSON

Succes hebben is in wezen: ervoor zorgen dat onze wensen en verlangens vervuld worden, en voor ons allen geldt dat we in onze jeugd geleerd hebben hoe dat moet. Verlangen is een heikele kwestie. Het roept verborgen vragen op over wat ons toekomt, hoe deugdzaam en goed we in feite zijn en of God wel wil dat we succes hebben enzovoort. In feite zijn er zoveel vragen dat geen enkele ouder daar van tevoren op in kan spelen. Succes en mislukking zijn uiterst persoonlijke ervaringen die nauw verband houden met wie je in je diepste wezen denkt te zijn.

Daarom leggen we als ouders het liefst een zo sterk mogelijke basis van zelfwaardering, waardoor onze kinderen opgewassen zijn tegen de talloze successen en mislukkingen die ze bij het groter worden zullen meemaken. Spiritueel gezien is verlangen nooit een negatief gegeven. We zijn uit verlangen geboren. Zonder verlangen zouden we niet willen groeien. Andere schepselen hoeven geen verlangen tot groei te hebben, omdat het voor hen een genetisch proces is; bij mensen leidt het verlangen tot groei echter naar de bron van oneindige liefde, vrede en kracht die juist het doel van het leven is.

Kinderen moeten leren dat verlangen de weg naar God is en dat je intentie, je doelstelling, op die weg het belangrijkste gereedschap is. Wat je krijgt wordt bepaald door wat je jezelf ten doel stelt. Het lijkt wellicht een paradox, maar je moet een visie op de toekomst hebben om je door de toekomst te kunnen laten verrassen, want zonder visies en idealen krimpt het leven in tot een ritueel en vervalt het in herhalingen. Een toekomst die slechts het heden herhaalt, kan nooit verrassend zijn.

Het spirituele proces dat verlangens in vervulling doet gaan, treedt niet even spontaan op als het verlangen zelf. Het moet worden aangeleerd. Gebrek aan succes is voornamelijk te wijten aan geestelijke verwarring. We hebben bijvoorbeeld maar niet in de gaten hoezeer onze verlangens met elkaar in strijd zijn, waardoor we ongewild en onbewust een gemengde boodschap het universum in sturen. Een chronische mislukkeling die bijvoorbeeld rijkdom wenst, maar tevens geen verantwoordelijkheid voor zichzelf wenst te nemen, geeft in wezen de kosmische computer tegenstrijdige input en meestal ziet zo iemand dat zelf niet in. Er bestaan twee tegenstrijdige verlangens naast elkaar: 'Ik wil rijkdom' en 'Ik wil mijn situatie niet eerlijk onder ogen zien.' Door een gebrek aan inzicht wordt de schuld van de mislukking dan op iemand anders of op de omstandigheden geschoven, terwijl de natuur in feite op beide boodschappen reageert. Het is alleen zó dat het om zwakke, ongerichte verlangens gaat die met elkaar in tegenspraak zijn.

Je bewust zijn van wat je wilt is bij dit proces van verlangen zó'n belangrijke stap, dat het verbijsterend is hoeveel mensen daaraan voorbijgaan. Kinderen hebben, net als volwassenen, heel veel verschillende verlangens waar ze zich wellicht niet eens van bewust zijn. Verlangens komen niet altijd helder en zelden geheel uit zichzelf in je op; ze zijn te hooi en te gras vermengd met fantasieën, dromen, wensen en projecties. Een verlangen koesteren is ook een proces dat in golven verloopt, waarbij de ene golf over de andere heen spoelt. We hebben allemaal grote verlangens, die pas na maanden of jaren vervuld kunnen worden, en kleinere waar maar een paar dagen, uren of minuten voor nodig zijn.

Hoe preciezer je kinderen met hun intenties leren omgaan, des te makkelijker ze in staat zullen zijn om hun leven te ordenen, want ordening begint in de geest.

Donderdag met de kinderen

De drie activiteiten van donderdag zijn gericht op het verhelderen van de werking van verlangen, namelijk: het verlangen zo precies mogelijk opschrijven of uitspreken en het daarna loslaten, in het vertrouwen dat de scheppende werking van het universum resultaat zal opleveren. Daarbij blijf je alert in het hier en nu, want daarin treden alle resultaten op.

1 Laat vandaag elk gezinslid een verlanglijst maken voor de komende week en hang die op de koelkast of een andere centrale plek in huis. (Hiermee kun je beginnen als een kind negen of tien jaar oud is; jongere kinderen zouden het slechts interpreteren als het maken van een verlanglijst voor Sinterklaas, omdat ze de werking van intentie nog niet kunnen bevatten.)

Je kunt je kinderen begeleiden bij het samenstellen van de lijst door stimulerende vragen te stellen, zoals: 'Wat zou je deze week het allerfijnst vinden, voor jezelf?'; 'Wat zou je deze week het allerfijnst vinden voor iemand anders?'; 'Wat wil je het liefst op school?' Probeer te voorkomen dat de lijst gewoon een opsomming van nieuwe aanwinsten wordt, bijvoorbeeld een nieuwe fiets of een computerspelletje. Leg daarentegen uit dat het universum voortdurend een stroom gevolgen en beloningen bij ons aflevert die voortkomen uit onze wensen en verlangens. Wensen en verlangens zijn als zaadjes, en de dingen die ons overkomen, staan voor het ontspruiten van die zaadjes. Sommige zaadjes hebben veel tijd nodig om te ontspruiten: een kind dat zich geïnspireerd voelt om piano te gaan spelen, plant wellicht een zaadje dat een leven lang zal groeien. We houden er allemaal grote en kleine verlangens op na. Ze kunnen niet allemaal onmiddellijk vervuld worden. Elke wens heeft zijn eigen tijd en zijn eigen wijze om uit te komen.

Moedig je kinderen aan om spirituele beloningen zoals geluk, voldoening en de afwezigheid van conflicten en strijd als belangrijkste verlangens te gaan zien. Moedig echter ook het ontspruiten van zaadjes die je op andere niveaus als waardevol herkent, van harte aan: een ontluikend talent, een opgaande lijn op school of in de persoonlijke betrekkingen, minder verlegenheid of betere prestaties bij een bepaalde sport of in een bepaald vak, om maar eens iets te noemen.

En hoe zit het dan met kleinere kinderen die nog geen lijstjes kunnen maken of wensen nog niet als intenties kunnen zien? Met hen kun je een concretere benadering proberen: leg een boon tussen vochtige watten en laat ze het wonder van de ontkieming zien. Daarna kun je de boon verpotten en hun vertellen dat ze het ontkiemende plantje moeten verzorgen en water moeten geven om het te laten groeien. Je kunt bij elke leeftijd het zaadje als metafoor gebruiken, omdat het zo direct in verband staat met de natuurlijke werking van de kosmos.

2 Kinderen zullen niet makkelijk begrijpen dat ze hun verlangen moeten loslaten, vooral niet als ze gewend zijn hun ouders te zien als de bron waar alles wat ze verlangen vandaan komt. Veel ouders met kinderen die hun voortdurend van allerlei proberen te ontfutselen, schrikken zich waarschijnlijk een ongeluk bij de gedachte dat ze hun kinderen zouden leren nóg meer te willen. Het punt is echter dat ze leren *efficiënter* te willen. Efficiënt zijn betekent onder meer dat je een verlangen moet loslaten in het universum, want verlangens en wensen laten uitkomen is nooit iets waar één enkel mens macht over heeft.

Wie zich dat eenmaal realiseert, kan zijn kinderen het principe van geduldige verwachting doorgeven. Dat wil zeggen dat je, zodra je eenmaal weet wat je wilt, daar rustig en ontspannen onder blijft. De oppervlakkige en triviale verlangens vallen weg maar verlangens die oprecht en diep zijn, worden door de natuur gekoesterd en gevoed. Laat je kinderen weten dat verlangens die we in ons hart bewaren eerder vervuld worden dan die welke we voortdurend rondbazuinen door erover te praten of er anderen mee te belasten.

3 Elk moment van de dag is er een of ander verlangen bezig uit te komen. Oude zaadjes (die we wellicht vergeten waren) leveren resultaten op in combinatie met de eerste tekenen van de grotere gevolgen die gaan komen. Het gaat erom dat je kinderen zich er bewust van worden dat het universum (of de ziel of God) altijd luistert; geen mens is alleen. Er wordt voortdurend voor ons gezorgd.

Je kunt heel eenvoudig alert blijven op de reacties van het universum door de lijstjes die aan de koelkast hangen af te turven. Vraag je kinderen in de loop van de week te vertellen hoe het met de vervulling van hun wensen staat. Je kunt een stimulerende vraag stellen, zoals: 'Is er vandaag nog iets fijns gebeurd?' en vervolgens wijzen op het verband tussen het antwoord en het lijstje van die week.

Alertheid in het hier en nu is de meststof, waardoor de kans dat de wens vervuld wordt, blijft groeien

De meeste wensen worden in vele kleine stapjes vervuld, niet in één keer; dat geldt vooral voor zaden die, als ze eenmaal geplant zijn, jaren en jaren moeten groeien. Elke fase van de vervulling komt als het moment daar is, op z'n eigen tijd. Daarom zien we de resultaten van onze verlangens door elke seconde alert te zijn. Geluk is daarvan een eenvoudig voorbeeld. Iedereen wil gelukkig zijn, maar veel mensen verwachten daarbij een of andere goddelijke openbaring of een plotselinge uitbarsting van vreugde die eeuwig zal aanhouden. Werkelijk geluk is iets heel anders. Het is een toestand van welbevinden waar je alert op moet zijn, anders gaat het moment voorbij voordat je het in de gaten hebt, of het wordt gemaskeerd door dingen buiten je die je ogenschijnlijk gelukkig (of ongelukkig) maken. Steeds alert zijn op het hier en nu speelt zich dus vanbinnen af; wanneer je de vervulling van je verlangens buiten jezelf blijft zoeken, ga je voorbij aan datgene waar het bij vervulling werkelijk om gaat.

Bij veel jonge kinderen is hun aandachtsboog niet lang genoeg om een verlangen te kunnen volgen van het ontstaan tot de vervulling. Je kunt hun echter zeker leren dat iets willen niet tot dwingelandij, zeuren en een algeheel gevoel van onbehagen hoeft te leiden als de wens niet onmiddellijk in vervulling gaat. Doordat je oog hebt voor de behoeften van je kind, ben jij degene die in dit vroege stadium de plaats van de natuur – de kosmos –

inneemt. Als je zeker weet dat je hun behoeften wilt vervullen, vertrouw je erop dat je hoort wat kinderen willen en geef je jonge kinderen een goede start voor hun latere vertrouwen in de natuur.

Oudere kinderen zijn in staat de dingen wat langer en nauwkeuriger te observeren. Je kunt hun leren dat verlangen een mechanisme is dat zijn wortels heeft in het hart, dat je het niet hoeft na te jagen in de buitenwereld. Onze verlangens volgen een natuurlijke weg: we worden ertoe gebracht ons in te zetten voor zaken die ons de diepste voldoening schenken en die zijn afgestemd op onze talenten en vaardigheden. Zo wordt verlangen zijn eigen leermeester en laat het kinderen zien hoe ze af kunnen gaan op de richtlijnen vanuit hun eigen innerlijk.

'Is dit wat je werkelijk wilt?' is een passende vraag om aan het eind van de basisschool aan kinderen te stellen, en het blijft een leven lang een relevante vraag. Als het antwoord 'ja' luidt, moet een kind leren dat zijn wens voor God voldoende is: de goddelijke intentie stelt zich op één lijn met de menselijke intentie wanneer een wens zuiver en gericht is en iemands hoogste belang en spirituele groei dient. Wensen die niet uitkomen, missen een van deze ingrediënten of hebben eenvoudigweg meer tijd nodig.

BESPIEGELINGEN OVER DE WET VAN INTENTIE EN WENS

Eerbiedig het goede dat je jezelf toewenst, want verlangen is de weg naar God.

Elke gebeurtenis die je vandaag met stomheid slaat, vindt haar oorsprong in een intentie van gisteren.

De ziel kan een wens pas vervullen wanneer jij hem loslaat.

Een specifieke, heldere en zuivere intentie brengt even specifieke, heldere en zuivere gevolgen bij je terug.

Vrijdag

is de dag van afstand nemen en onthechting

Vandaag houden we onze kinderen voor: 'Geniet van het onderweg zijn.'

Op vrijdag spreken we als ouders met elkaar af dat we met onze kinderen het volgende zullen doen:

1. We praten over 'de echte jij'.
2. We laten hun zien dat onzekerheid goed kan zijn; niemand hoeft alles te weten.
3. We leren hun evenwichtig om te gaan met winst en verlies.

Het leven is niets dan een experiment. Hoe meer je experimenteert, hoe beter.

RALPH WALDO EMERSON

'Geniet van het onderweg zijn' is een positieve formulering voor iets wat in onze maatschappij niet erg geliefd is. Woorden hebben in elke samenleving een andere waarde en betekenis, en daarvan bestaat er geen beter voorbeeld dan het woord *onthechting*. Duizenden jaren lang was *onthechting*, met name in het Oosten, een positief woord dat stond voor het vermogen gelukkig te zijn, los van het spel van plezier en verdriet. In het Westen is onthechting echter, door onze sterke fixatie op het bereiken van materiële doelen, een negatief woord geworden dat geassocieerd wordt met onverschilligheid, apathie en niet-betrokken zijn.

Het lijdt geen twijfel dat de oosterse zienswijze kan verworden tot fatalisme en gebrek aan initiatief, maar in haar zuivere betekenis duidt onthechting op een intense betrokkenheid en creativiteit, zij het dat men de afloop loslaat. Betrokkenheid en loslaten zijn allebei noodzakelijk voor geluk: een hartstochtelijke betrokkenheid biedt ons het geluk onze creativiteit te kunnen gebruiken; in de overgave en het loslaten erkennen we dat elke afloop afhankelijk is van het universum, niet van ons eigen, gebonden ego. Een wijs mens hecht niet aan de dramatiek van de materiële wereld omdat hij zich richt op de bron waaruit alle dualiteit van licht en donker, goed en kwaad, plezier en verdriet voortkomt.

Onthechting is, omdat het zo regelrecht tegen onze maatschappelijke vooringenomenheid indruist, niet het eenvoudigste principe om uit te leggen. We kunnen beginnen met wat onthechting niet is:

> Onthechting betekent niet dat het je niets kan schelen.
> Onthechting betekent niet dat je je eigen verantwoordelijkheid voor iets kunt ontkennen.
> Onthechting betekent niet dat je de behoeften en gevoelens van anderen kunt negeren.
> Onthechting betekent niet dat jij altijd haantje de voorste kunt zijn.

Wie zijn kinderen leert dit soort dingen te vermijden, heeft hen al op het spoor van onthechting gezet. Meestal zijn we geneigd ons ergens aan te hechten, het is altijd iets waaraan het label 'ik' of 'mijn' hangt. Vasthouden aan mijn dingen, mijn baan, mijn mening, mijn trots enzovoorts, is allemaal een gevolg van angst. We zijn bang dat het universum koud en onverschillig is en daarom trekken we al onze krachten terug rond dit 'ik' dat geacht wordt ons te beschermen.

Maar de samentrekken rond het ego voorkomt nu juist de vrije expansie die ons in staat stelt verbinding te maken met de ziel. Dit wordt vaak omschreven als het verschil tussen het ik en het Ik, of het zelf en het Zelf. Het ik is het geïsoleerde ego dat hecht aan zijn nietige werkelijkheid; het Ik is de ongebonden ziel die het zich kan veroorloven zich totaal niet te hechten.

Onthechting betekent dat je leeft vanuit het Ik in plaats van het ik.

De jeugd is de aangewezen periode om iets over het Ik te leren, want in de kindertijd begint het ego zich met al zijn angsten en behoeften te ontwikkelen. Wanneer een kind zich simpelweg aan het ego overgeeft, krijgt de illusie dat er een 'ik, mij, mijn' bestaat vat op hem en wordt het zowel pijnlijk als zwaar om daar als volwassene van los te komen. Het ego moet getemperd worden met het besef dat 'ik' niet het ego hoeft te zijn; ik-zijn kan een vorm van een-zijn met het veld van alle mogelijkheden betekenen, men noemt dat ook wel het kosmisch ego. Daarom nodig je je kinderen uit tot deelname aan de dans van de kosmos, door hun te leren wat onthechting is.

Onthechting is een zienswijze die ons in staat stelt plezier te beleven aan de tocht door het leven. Dat plezier is voor succes van doorslaggevend belang.

Het is ook goed om iets meer te vertellen over het concept 'onthechte betrokkenheid', hetgeen betekent dat je je vol enthousiasme ergens in stort zonder de verwachting dat je greep hebt op de afloop. Jouw verantwoordelijkheid beperkt zich tot de acties die je onderneemt, de uitkomst wordt aan de ziel overgelaten. Voor jonge kinderen is het geen echt toepasbaar concept, omdat er ogenschijnlijk een paradox in schuilt. Hoe kan iemand nu ergens volkomen bij betrokken zijn en tegelijkertijd onthecht zijn?

Het antwoord kan alleen liggen in het veld van Zijn. Wanneer je je vereenzelvigt met de ziel, vallen je individuele acties binnen een groter patroon. Omdat het oneindig is – we kunnen het Gods goddelijke plan noemen – gaat dit grotere patroon veel verder dan wat men zich verstandelijk kan indenken. We laten door onthechting zien dat we dit grotere plan aan God overlaten; door betrokkenheid laten we zien dat we mee willen doen, aangezien niets meer passie opwekt dan medeschepper zijn met God.

De wijsheid van onzekerheid is een concept dat hier nauw mee verwant is. Voor het ego dat de werkelijkheid altijd naar zijn hand wil zetten, is onzekerheid beangstigend, maar vanuit de onthechting bezien moet een voortdurend verschuivend en veranderend universum wel onzeker zijn. Als dingen vastlagen, zou er geen creativiteit zijn. Daarom werkt de ziel via verrassingen en onverwachte gevolgen. Op het eerste gezicht lijkt de goddelijke wet van onzekerheid in tegenspraak te zijn met de wet van het karma, die luidt dat alles verloopt volgens het principe van oorzaak en gevolg. Karma is echter niet de opperste werkelijkheid; het is louter een mechanisme dat in de relatieve wereld werkzaam is. De ontplooiing van goddelijke creativiteit is de opperste werkelijkheid. Uiteindelijk is het universum een recreatief universum; het bestaat ten behoeve van het goddelijke spel. Hoe beter we dat beseffen, des te beter we aan het spel mee kunnen doen en vrij zijn van alle angst om hoe de zaken zullen aflopen. We krijgen alleen maar gemoedsrust wanneer we de wijsheid der onzekerheid accepteren.

Als het universum niet vaststaat – zoals het beroemde principe van Heisenberg ons verzekert – dan is alles mogelijk. We mogen ons dan wel emotioneel op ons gemak voelen bij vaststaande uitkomsten, maar totale vastigheid zou de dood betekenen. Spiritueel gesproken is de dood niet het ophouden van het bestaan, maar een bevroren bestaan, energie die gedwongen wordt op dezelfde plaats te blijven, in plaats van door te stromen naar zijn volgende doel binnen Gods plan. Tot een complete visie op het leven behoort ook het besef dat alles te bestemder tijd zal gebeuren en dat het onze rol is om open te staan voor onzekerheid en verrassingen.

Vrijdag met de kinderen

Tot de drie activiteiten voor vrijdag behoren: de wereld wat meer van een afstand bekijken; beseffen dat de 'echte jij' spiritueel van aard is; accepteren dat onzekerheid onvermijdelijk is en dat je daar niet bang voor hoeft te zijn, en evenwichtig leren omgaan met winst en verlies. Deze lessen zijn nog slechts een begin; naarmate het spirituele leven rijpt, neemt de onthechting op alle niveaus toe. Altruïsme en mededogen zijn de natuurlijke gevolgen van onthecht zijn, evenals dienstbaarheid aan anderen. Nederigheid in de plaats stellen van trots is de vrucht van onthechting; dat geldt eveneens voor een toestand die Christus omschreef als: 'in de wereld maar niet van de wereld zijn'. Mijn favoriete beschrijving van onthechting luidt dat je er een 'universumburger' van wordt. Al deze dingen komen aan de orde in de eenvoudige lessen van vandaag.

1 De 'echte jij' is voor alle leeftijden een fascinerend onderwerp. Kinderen voelen altijd al de oeroude aantrekkingskracht van de 'andere wereld'. Al bijna vanaf het moment dat ze in de wieg liggen, kun je ze verhalen vertellen over God, de hemel en engelen; in sprookjes wordt een vergelijkbare wereld geschapen, een wereld die kinderen als fantasie aanvaarden maar die ze toch echter vinden dan de wereld om hen heen. Wanneer je dit in je achterhoofd houdt, kun je op een begrijpelijke manier met je kinderen over het Ik praten.

Hier volgt bijvoorbeeld een vertelsel dat geschikt is voor jonge kinderen: 'Iedereen heeft een onzichtbare vriend die zich bezighoudt met alles wat ze doen. Zo'n vriend heb jij, en je broertjes en zusjes hebben er een, en mama en papa ook. Die vriend heeft God je gestuurd. Je vriend is niet in de hemel, net als de engelen, maar hier, in je hart. En weet je hoe hij heet? Precies zoals jij, want eigenlijk is je vriend een stukje van jou. Iedere keer dat jij blij bent met je speelgoed, of als je mij of iemand anders heel lief vindt, dan helpt je vriend jou die liefde te voelen. Daarom moet je als je verdrietig of boos bent heel goed opletten. Doe je ogen dan dicht en vraag of je vriend je eraan helpt herinneren dat we allemaal heel veel van je houden, want dan houd je altijd van jezelf.

Dat zal je onzichtbare vriend je altijd laten weten, altijd.'

Het Ik is je wezen, je ziel die in volkomen vrede en vreugde neerkijkt op wat zich in deze wereld allemaal afspeelt. Het is je verbinding met God en de hemel (wanneer je die termen wilt gebruiken) of met het veld van alle mogelijkheden. Je Ik is nooit gekwetst of in de war; het houdt altijd van je; het is altijd nabij. Het is voor kinderen geruststellend om dit soort dingen te horen, ook al zal het een hele poos duren eer ze er volledig in geloven.

Er is langdurige ervaring met meditatie voor nodig om je helemaal met het Ik te kunnen vereenzelvigen, aangezien men het Ik pas leert kennen in de stilte van het innerlijk bewustzijn. Je gaat geleidelijk beseffen dat dit Ik niet alleen in jou is, maar het hele bestaan doordringt. De oneindige complexiteit van het leven is voor het kleine ik niet te bevatten: hoe wanhopig men ook probeert om iets anders te geloven, de werkelijkheid onttrekt zich aan de macht van het ego. Het Ik structureert de werkelijkheid door de kosmische intelligentie te observeren die alles tot in het kleinste detail organiseert, door er ruimte voor te maken, door deze te accepteren en zich er uiteindelijk mee te verenigen.

2 Er bestaat altijd een wankel evenwicht tussen kinderen zekerheid bieden en hun leren dat de werkelijkheid heel onzeker kan zijn. Het is een dilemma waar alle ouders mee geconfronteerd worden en meestal gaat dat gepaard met angst, omdat ze bang zijn dat ze hier of daar de mist in zullen gaan, dus dat ze ofwel hun kinderen

een vals gevoel van zekerheid zullen meegeven ofwel te ver gaan in hun waarschuwingen voor gevaren en risico's.

Spiritueel gezien moeten we deze tegengestelde waarden met elkaar verzoenen, willen we ons in een veranderende en onvoorspelbare wereld veilig kunnen voelen. Men kan onzekerheid niet weg wensen; het is daarom van grote waarde om ermee te leren omgaan, om te gaan beseffen dat er wijsheid schuilt in onzekerheid: de wijsheid van een Schepper die de werkelijkheid fris wil houden, nieuw, eeuwigdurend op weg naar vervulling.

Hoe brengen we dat op een kind over? Jonge kinderen zijn dol op verrassingen en dit is een dag om je helemaal te buiten te gaan aan de verrukking hen te verrassen. Onverwachte traktaties verschaffen zowel de gever als de ontvanger veel vreugde en je hoeft er geen betere reden voor te hebben dan: 'Ik had gewoon zin om iets anders te doen'; dat is tenslotte de enige reden die God wil horen.

Bij oudere kinderen kan onzekerheid een probleem worden, omdat het een veranderlijke wereld impliceert waarin je je moeilijk staande kunt houden. Het is belangrijk om je kinderen te leren los te laten en hun te leren genieten van de veranderingen die zich voordoen, maar verborgen angsten moeten rechtstreeks aan de orde gesteld worden. Bij kinderen van vijf jaar en ouder is het goed om te vragen of iets nieuws wellicht een bron van angst is. Je hoeft niet veel meer te zeggen dan een openingszin als: 'Ik weet dat je dit nog nooit gedaan hebt. Vind je het soms een beetje eng?'

Je kunt vandaag ook in gedachten houden dat je tegenover de kinderen beter niet kunt doen alsof je alles weet, alsof volwassen zijn zou betekenen dat alle twijfels en vragen zijn afgehandeld. Het ligt heel gevoelig, want autoriteit stelt kinderen gerust, dus je moet je onzekerheid positief verwoorden. In plaats van te zeggen: 'Daar heb ik geen oplossing voor,' kun je benadrukken dat er heel veel oplossingen mogelijk zijn en dat het mooie van het leven nu juist is dat je kunt uitvinden hoeveel je nog te leren hebt, al weet je nog zo veel.

3 Niemand vindt het fijn om iets te verliezen, op geen enkel niveau. Kinderen zijn net zo overstuur door de dood van een huisdier of het verlies van een speeltje als volwassenen door de dood van een goede vriend of het verlies van een baan. Ons verdriet bij een verlies ontstaat door verwachting: we verwachten dat we gelukkiger zijn als we iets hebben dan wanneer we dat niet hebben. Ondanks talloze waarschuwende verhalen dat geluk niet voor geld of goed te koop is, blijven we rijkdom nog steeds gelijkstellen met welzijn.

Je kunt al vroeg beginnen je kinderen een andere aanpak voor te houden, namelijk dat ze het geluk beter in zichzelf dan in dingen buiten zichzelf kunnen zoeken. Hier komt de les van winst en verlies aan de orde. Wanneer je verlies alleen op het materiële vlak behandelt, is dat voor een kind niet bevredigend. Wanneer je zegt: 'Huil maar niet, ik koop wel een andere pop.' is dat even kortzichtig als het tegenovergestelde: 'Het is je eigen schuld dat je haar kwijt bent en je krijgt geen nieuwe.'

Bij beide uitspraken ga je ervan uit dat de pop de bron van geluk is. Je zult moeten beslissen of je een verloren speeltje al of niet zult vervangen maar er is meer aan de hand, namelijk dat de pop er niet toe doet. Zorg ervoor dat kinderen zich veilig en bemind voelen, ongeacht de vraag wat ze hebben of niet hebben. Zo kan verlies een reden worden om het besef te versterken dat met 'de echte jij' alles goed is, wat er ook gebeurt. Maak ruimte voor verdriet om het verlies – je moet de uiting van emoties niet in de weg staan – maar zet de zaak in perspectief: 'Ik weet dat je je nu heel naar voelt, maar het is maar een ding en je bent hier om veel belangrijker redenen dan de dingen die je al of niet hebt.'

Welke redenen zijn dat? Wanneer in moeilijke situaties de emoties zijn opgekomen en weer zijn weggeëbd, zou je iets kunnen zeggen als:

> 'Je bent hier om bijzonder te zijn, want je bent bijzonder.'
> 'Je bent hier om allerlei dingen uit te vinden en te ontdekken.'
> 'Je bent hier opdat mama en papa van je kunnen houden en voor je kunnen zorgen.'
> 'Je bent hier om jezelf op allerlei manieren blij en gelukkig te laten zijn.'

Elke uitspraak raakt aan het besef dat 'ik' uniek ben, creatief ben, bemind word en dat verlies me niet kan schaden. Verdriet om een verloren pop is iets anders dan een deel van jezelf verliezen, maar het is verbazingwekkend hoeveel kinderen zich die simpele waarheid niet bewust zijn omdat hun ouders verzuimen hen daaraan te herinneren.

Zo wordt de kwestie van winst en verlies in haar geheel aan de orde gesteld. Er groeien talloze mensen op met de gedachte dat al hun problemen opgelost zouden zijn als ze maar voldoende zouden hebben: voldoende geld, roem, status etcetera. Maar verlies en winst komen altijd in cycli. Uiteindelijk geldt dit ook voor leven en dood, die elkaar eeuwigdurend opvolgen in de cyclus van geboorte en wedergeboorte.

Onthechting is een kwaliteit die je in staat stelt onaangedaan te blijven bij zowel verlies als winst. Geen van beide heeft invloed op het Ik; het Ik is altijd vervuld. Het Ik haalt altijd voldoende liefde en geluk uit zijn bron om voldaan te zijn. Geef dat door aan je kinderen, concentreer je voortdurend op het feit dat diezelfde bron van liefde en geluk altijd beschikbaar is. De spirituele ontwikkeling bestaat uit het groeiende besef dat het Ik veel zekerder is dan het ik.

BESPIEGELINGEN OVER DE WET VAN AFSTANDEN EN ONTHECHTING

Onthechting betekent dat je heel warm loopt voor je werk, maar koel met de beloning om kunt gaan.

Elke naam of elk etiket dat je jezelf geeft is onjuist: de echte jij is ongebonden en naamloos, laat zich niet in een hokje stoppen.

Vertrouwen in jezelf – niet wat je presteert – is de sleutel tot succes.

Leg jezelf in handen van het universum, dan heb je geen behoefte meer de zaken in de hand te houden.

Zelfacceptatie leidt tot succes, niet omgekeerd.

Zaterdag

is de dag van het 'dharma'

Vandaag houden we onze kinderen voor: 'Je bestaan heeft een reden.'

Op zaterdag spreken we als ouders met elkaar af dat we met onze kinderen het volgende zullen doen:

1 We vragen aan ieder kind: 'Hoe sta je er momenteel voor?'

2 We stimuleren hun unieke talenten en vaardigheden.

3 We nodigen hen uit tot een daad van dienstbaarheid.

Ieder mensenleven is een sprookje van Gods hand.

HANS CHRISTIAN ANDERSEN

Dharma is een woord uit het Sanskriet met diverse betekenissen: plicht, bedoeling en wet. In zekere zin is de dag van dharma de dag van de wet, de voleinding van een week die helemaal gewijd was aan de spirituele wetten. Vandaag overpeinzen we hoe goed we gevolg hebben gegeven aan de spirituele wetten, hoe goed we eigenlijk zijn afgestemd op de harmonie van het universum.

We helpen onze kinderen deze dag herinneren: 'Je bestaan heeft een reden.' De spirituele wet is ons van dienst zoals wij er dienstbaar aan zijn. Ze is ons van dienst door ons te laten zien dat blijvend geluk en vervulling mogelijk zijn, zelfs onvermijdelijk zijn. Er schuilt een verborgen bedoeling achter elke gebeurtenis, elke daad, elke gedachte, een bedoeling die bijdraagt aan onze evolutie. Het hoogste doel van het leven is dat je deze bedoeling ontdekt en ernaar gaat leven.

Vandaag meten we ons succes af aan de vervulling die

de week ons gebracht heeft, aan de mogelijkheden en de moeiteloosheid die we hebben ondervonden, en aan de nieuwe inspiratie en de inzichten die we hebben gekregen. Vervolgens denken we er samen met onze kinderen over na. De overtuiging dat het leven niet eerlijk is, lijkt alleen maar gegrond doordat we te maken krijgen met liefdeloos gedrag van anderen die niet altijd deelhebben aan het hoge bewustzijnsniveau waartoe de ziel hen tracht te inspireren.

Alleen wanneer je ontvankelijk bent, wordt de verborgen bedoeling geactiveerd. Met het bewustzijn als sleutel kun je bereiken wat het universum voor je in petto heeft.

Je kunt in het gezin de gedachte bevestigen dat het leven altijd eerlijk is. Dharma verzekert je daarvan met de macht van de spirituele wet. De bewering dat het leven oneerlijk is, impliceert dat het leven willekeurig, zinloos, grillig en gevaarlijk is, met andere woorden: dat er geen spirituele wetten gelden. Dus vandaag kun je al dat soort indrukken tegenspreken door te laten zien hoe eerlijk het leven in feite is. Het leven wordt eerlijk doordat ons de vrije wil gegeven werd om ons te uiten met elke gram creativiteit die in ons is.

Zaterdag met de kinderen

De drie activiteiten van zaterdag draaien om het doel van het leven, en dat is iets wat een kind stapje voor stapje duidelijk wordt. Vraag je kinderen: 'Hoe sta je er momenteel voor?', moedig ze aan in hun eigenheid en uniciteit en nodig ze uit tot een daad van dienstbaarheid.

1 Met de vraag: 'Hoe sta je er momenteel voor?' kun je onderzoeken welke ideeën je kinderen zelf hebben over hun doel en hun voortgang. Je dharma is je weg, hetgeen zich laat vertalen in diverse componenten:

- Waarheen ben ik op weg? Dat is mijn visie, mijn ideaal.
- Hoe kom ik daar? Dat is het werk dat ik onderweg verzet.
- Hoe ver ben ik al gekomen? Dat is mijn bewustzijnsniveau.
- Wat houdt me tegen? Dat is mijn huidige uitdaging of les.

Dharma moet al deze ingrediënten bevatten wil het compleet zijn. Een ideaal zonder 'vervoermiddel' om het te bereiken is slechts fantasie. Grote inzet en prestaties zonder ideaal zijn een verspilling van talent. Niet al die ingrediënten hoeven iedere dag verwoord te worden; een ideaal is aan het begin bijvoorbeeld het sterkst en maakt dan plaats voor het werk en de obstakels die de kop opsteken bij het verwezenlijken ervan.

Desondanks is het goed je kinderen te leren zich bewust te zijn van hun pad. De allerjongsten hebben een instinctieve doelstelling, namelijk gelukkig zijn. Maar zodra een kind oud genoeg is om zich doelen te stellen – na de leeftijd van vijf of zes jaar – is het noodzakelijk om na te gaan hoeveel dichter je bij je doel bent gekomen. 'Hoe sta je ervoor? Hoe lopen de zaken? Kom je al in de buurt van wat je wilt bereiken? Zo niet, waarom niet?' Ouders die deze vragen voor ogen houden, kunnen elk kind ertoe aanzetten dag in dag uit een nauwe verbinding te voelen met de zin van het leven.

Je kunt dit onderwerp ook verbreden door te vragen: 'Hoe staan we er als gezin voor?' Veel gezinnen deinzen terug voor zo'n vraag, omdat er niet voldoende openheid, vertrouwen en intimiteit is voor eerlijke antwoorden, of omdat de ouders er te veel aan hechten dat ze ogenschijnlijk op alles een antwoord hebben.

Je moet je kinderen al van jongs af leren dat het oké is om te zeggen wat je vindt van zaken die het gezin betreffen. Dat geldt ook voor eerlijk zijn als je eigen wensen niet uitkomen. Veel verlangens komen niet uit, tenminste niet onmiddellijk. Kinderen hoeven niet weg te kruipen voor spirituele gegevenheden zoals teleurstelling, ontmoediging en frustratie. Er bestaat geen pad zonder obstakels en al kan dat op emotioneel niveau negatief zijn, de wet van dharma houdt ons voor dat er in elke blokkade iets goeds schuilt. Dharma is een universele wet; ze schraagt ons in hoe we ervoor staan. Dus het uiteindelijke antwoord op de vraag: 'Hoe sta je er momenteel voor?' luidt: 'Precies zoals het moet.'

Wie zo'n antwoord kan geven, geeft blijk van grote zekerheid, en het is *die* vorm van zekerheid en geborgenheid die je in je kind wilt versterken. Het ontbreekt ons als individuen aan de visie om elke bocht in de weg te kunnen overzien; het ligt niet in de aard van de natuur ons het hele vergezicht te laten zien, gegeven het feit dat verrassingen en onzekerheid in het goddelijke plan zijn ingebouwd.

Natuurlijk zijn kinderen gauw gefrustreerd wanneer de zaken niet helemaal goed lopen, en het duurt een levenlang om geduldig te worden en vrede te krijgen met het besef dat iedereen er precies voor staat zoals het moet.

2 Wie maakt dat een kind zich uniek voelt, zorgt ervoor dat een kind zich op unieke wijze gewenst en welkom voelt. Ergens aanleg voor hebben is één ding; het gevoel dat het universum dat toejuicht, is iets anders. Uniciteit zonder liefde is dor en verschilt maar heel weinig van eenzaamheid. Je zou vandaag kunnen gaan zitten en met elk kind een lijstje kunnen maken van zijn of haar talenten, om het besef te versterken dat een talent een geschenk is dat ons door de ziel gegeven werd voor ons geluk en onze vervulling.

3 Nodig elk kind uit iets aardigs voor iemand anders te doen, hoe klein dat gebaar ook is. Afval meenemen dat je tegenkomt op een wandeling, de deur openhouden voor een oudere, jongere broertjes en zusjes helpen met hun kamer opruimen: het is allemaal even waardevol als je inzetten voor een goed doel. Het gaat erom dat je de innerlijke betekenis van het gebaar op hen overbrengt. Het fijne gevoel dat je krijgt wanneer je iets voor iemand doet is toch anders dan wanneer je iets voor jezelf doet; in wezen is dát de gedachte die je wilt overbrengen, en niet alleen dat dienstbaarheid

deugdzaam is of bij anderen een goede indruk wekt (hetgeen voor volwassenen maar al te vaak de drijfveer is).

Dienstbaar zijn aan anderen past goed bij het besef dat alles en iedereen uniek is. Wanneer je anderen een dienst bewijst, krijg je de kans hen naar waarde te schatten; je dienstbaarheid is een directe uiting van die waardering. Als je een kind ertoe kunt bewegen iets aardigs te doen voor een jonger broertje, zusje of vriendje, voert hem dat regelrecht naar het besef hoe bijzonder dat vriendje, broertje of zusje is. Op die manier wordt bijzonderheid geaccepteerd als een kwaliteit die iedereen bezit.

Wanneer je dienstbaar bent aan anderen, herinner je jezelf aan je plicht als liefhebbend kind van de Almachtige. *Plicht* is een synoniem voor *dharma* en het woord omvat plicht tegenover de samenleving, plicht tegenover jezelf en plicht tegenover God. Het is je plicht tegenover de samenleving om anderen te dienen; het is je plicht tegenover jezelf om je spiritueel te ontwikkelen; het is je plicht tegenover God om deel te nemen aan het goddelijke plan voor de verdere evolutie van de mensheid.

We geven als ouders onze kinderen geen ijzeren regels mee waar zij zich aan te houden hebben. We vragen hen mee op onze eigen tocht, betrekken hen in ons besef van een doel dat geen einde kent. De tocht heeft een bedoeling die zich steeds uitbreidt. Heel jonge kinderen zijn weliswaar niet in staat dit via woorden te begrijpen, maar je kind voelt heel goed aan of je het leven boeiend en wonderbaarlijk vindt. De zin die jij aan het universum toekent spreekt veel duidelijker taal dan duizenden woorden.

BESPIEGELINGEN OVER DE WET VAN HET DHARMA

Een zinvol leven onthult de zin van het leven.

Wat je lot betreft kun je het nooit mis hebben. Of je succes hebt of niet, je bewijst altijd je gelijk.

Het universum heeft een doel: de vervulling van de creativiteit en het geluk van de mens.

Vel geen oordeel over je leven. Elk leven is een stap op weg naar eenheid met God.

Worstel niet met de vraag waarom je hier bent, je hoeft alleen maar beter te kijken.

Conclusie

Het enige wat je niet kunt missen

Wat is het enige wat je als ouder niet kunt missen? De meeste mensen zouden automatisch zeggen 'liefde', en dat is zeker juist. Maar daarna moet je een dieper liggende vraag stellen: 'Waar komt liefde vandaan?' Op zich is de band der liefde niet genoeg, omdat ze slijt en soms breekt. We voeden onze kinderen allemaal op met wat wij liefde noemen en toch staan de jongeren van tegenwoordig voor enorme problemen.

Er bestaat iets diepers dan liefde, het enige wat je niet kunt missen, en dat is *onschuld.* Onschuld is de bron van liefde. Onschuld is, volgens mijn definitie, niet hetzelfde als naïviteit. Het is juist het tegendeel. Onschuld is openheid. Het is gebaseerd op een diep spiritueel inzicht in diverse belangrijke kwesties.

Onschuld is weten dat je kinderen kunt begeleiden maar nooit macht over ze kunt uitoefenen. Je moet je openstellen voor de persoonlijkheid in elk kind, een persoonlijkheid die vast en zeker verschilt van de jouwe.

Het is een feit dat alleen in alle onschuld geaccepteerd kan worden met een vredig hart.

Onschuld is weten dat in het leven nooit iets zeker is. Je kinderen slaan gegarandeerd een richting in die je niet kunt voorspellen en doen dingen die jij nooit zou doen. Onzekerheid is een gegeven omdat het leven niets dan verandering is. Door onschuld kun je dat accepteren: je kunt dan de behoefte loslaten je kinderen te kneden conform jouw vooropgestelde ideeën.

Onschuld is weten dat liefde dieper gaat dan wat zich aan de oppervlakte afspeelt. Oppervlakkig gezien is de ontwikkeling van een kind grillig en moeizaam. We willen allemaal onze kinderen de levenslessen leren die we zelf het moeilijkst vonden en hen beschermen tegen onnodige pijn. Door onschuld beseffen we echter dat oppervlakkigheden ons afleiden van de diepere ontwikkeling die ieder mens moet doormaken. Bij deze ontwikkeling wordt het wezen gevormd en dat gebeurt onder het toeziend oog van de ziel. We kunnen onze kinderen helpen zich het essentiële belang van hun wezen bewust te worden, maar we zijn niet verantwoordelijk voor de ontwikkelingsweg. Dat valt onder een unieke afspraak tussen ieder mens en zijn of haar hogere Zelf.

Wanneer ik al deze punten in één enkele zin zou moeten samenvatten, zou het deze zijn: *Onschuld is weten dat je kind het jouwe en toch niet van jou is.* Uiteindelijk is iedereen een kind van de ziel. We hoorden allemaal bij een gezin toen we opgroeiden, maar het is een zeer losse vorm van 'erbij horen'. We horen vooral bij onszelf, dat wil zeggen bij onze ziel, ons wezen, onze essentie.

Een kind met ware liefde bezien betekent daarom dat je deze goddelijke vonk ziet. Het is makkelijk om te zeggen dat elk kind uniek en dierbaar is, maar dat wordt pas echt waar door onschuld, door het vermogen een kind te zien als een ziel die bezig is met haar vorming. Dat wil zeggen dat je een aantal diep ingegrifte patronen en ideeën omtrent ouderschap moet loslaten.

Ouders zijn eraan gewend zich als autoriteit op te stellen. In die rol staan wij boven en buiten onze kinderen: we zijn slimmer, machtiger, ervarener, wij beheren het geld en het bezit. Vanuit die autoritaire positie konden ouders een oordeel vellen, straf uitdelen, de regels van goed en kwaad vaststellen en dat allemaal vanuit plichtsbesef en met een duidelijk doel.

In dit boek werden een andere plicht en een ander doel naar voren gebracht. Binnen die nieuwe visie is een ouder geen autoriteit. Jij en je kind zijn allebei zielen; jullie zijn allebei bezig je ziel, je wezen te vormen. Het enige verschil zit hem in de rol die jullie gekozen hebben. Alle wezens zijn onsterfelijk; ze kunnen niet geschapen of vernietigd worden. We kiezen echter wel de rollen die we tijdelijk spelen.

Je doet jezelf spiritueel het meeste goed door jouw rol als ouder met totale liefde, overtuiging en inzet te spelen. Je nam de rol van ouder uiteindelijk op je uit eigenbelang, in de meest spirituele zin van het woord. Dit is de rol die je meer dan enige andere rol zal verheffen en inspireren. Hetzelfde geldt voor je kind. Je kind heeft, als alwetende, onsterfelijke ziel, besloten een zwakke, kwetsbare baby te worden die volslagen afhankelijk is van jouw hulp. Dat is de rol die een kind speelt, vol overtuiging en toewijding. En toch zijn jullie allebei, wanneer je het rollenspel weglaat, louter zielen, één en hetzelfde. Onschuld stelt je in staat dat te zien, ze laat je de rol spelen en er tegelijkertijd bovenuit stijgen.

Er valt misschien wel iets tegen deze gedachte in te brengen, maar volgens mij kent elke ouder die momenten waarop de blik in de ogen van een kind verhaalt van oneindige wijsheid, van ervaringen die ver uitstijgen boven dit bepaalde ogenblik in ruimte en tijd. Ik weet dat dit in ieder geval gold voor mijn eigen kinderen. Ik heb hen naar bed gebracht, verhaaltjes aan hen voorgelezen, een balletje met hen getrapt en trots hun dansoptredens bijgewoond. Al die keren was ik de papa en zij waren de kinderen.

Maar er zijn andere momenten geweest waarop die hele façade wegviel. Ik zag hoe mijn zoon me een blik toewierp waaruit sprak: 'Daar zijn we dan weer. Boeiend toneelstukje spelen we deze keer.' Ik heb mijn dochter zó zien glimlachen dat ik gewoon zeker wist dat ze op het punt stond hardop in lachen uit te barsten om de maskers die we opzetten om onze rol te kunnen blijven spelen.

In die dierbare blikken en lachjes voelde ik de band van de onschuld, die sterker is dan liefde omdat ze de liefde transcendeert. Elk gezin is niet zomaar een cluster met zijn eigen triomfen en mislukkingen, maar een gemeenschap van zielen. We hebben niet alleen de plek waar we wonen, de school die we bezoeken of onze broodwinning met elkaar gemeen. We bevaren samen de zeeën der onsterfelijkheid, en dat is onze werkelijke band. Wanneer je verder kunt kijken dan dit rollenspel en desondanks je rol met liefde en toewijding kunt spelen, ben je volgens mij waarlijk spiritueel in je benadering van het ouderschap.

Ten slotte: de zeven spirituele wetten zijn louter een manier om dat te bewerkstelligen. Ze helpen ons herinneren hoe we de onschuld kunnen laten stromen. In deze wereld is er veel dat de onschuld kan vernietigen en bar weinig waarmee ze blijft stromen. Ik zie de spirituele wetten niet als iets facultatiefs: zó en niet anders gaat het universum te werk bij de ontwikkeling van puur, ongemanifesteerd Zijn naar de oneindige variëteit van de geschapen wereld. Wanneer je afgestemd bent op de spirituele wetten, ben je in harmonie met de onbegrensde intelligentie van het Zijn. Daarom verschilt datgene wat we als ouders aan onze kinderen leren niet van wat we onszelf moeten blijven leren.

Zorg dat de onschuld blijft stromen. Daar hangt alles van af.

Over de auteur

Deepak Chopra heeft negentien boeken geschreven, die in meer dan dertig talen vertaald werden. Hij is ook de samensteller van meer dan dertig series cassette- en videobanden en publiceerde in de Verenigde Staten tevens een interactieve cd-rom. Al zijn werk berust op een combinatie van levenswijsheid en wetenschap, poëzie en toepasbaarheid, overvloed en spiritualiteit en gaat uit van principes die het dagelijkse bestaan tot een belevenis maken.

Voor informatie over lezingen en cursussen van Deepak Chopra in Nederland, kunt u contact opnemen met:

Ojas ICFTW V.O.F.
Peursumstraat 83
1106 BT Amsterdam
Telefoon 020-4528257
E-mail: www.ojas.com

en

OM Instituut
Postbus 443
3740 AK Baarn
Telefoon 035-5433540
Telefax 035-5433530
E-mail: info@metavisie.com